障害児
相談支援
ハンドブック

全国児童発達支援協議会
障害児・者相談支援事業
全国連絡協議会
監修
宮田広善・遅塚昭彦
編著
松下直弘・田畑寿明
他 著

エンパワメント研究所

発刊に寄せて

　近年、我々を取り巻く障害福祉状況は激しく、ワイドに動いてきたが、とりわけ平成20年代前半には「障害者虐待防止法」「障害者基本法の一部改正法」「障害者自立支援法の改正法」「児童福祉法等の改正法」「障害者総合支援法」「子ども・子育て新システム関連三法」「公職選挙法の一部改正法」「障害者差別解消法」などが矢継ぎ早に登場し、さらには平成26年1月には「障害者権利条約」が批准されている。そしてそれらのいくつかが今年の4月に本格施行に入るとともに、本国会では「成年後見制度促進法」も制定され、総合支援法の3年後の見直し法案が議論されている。

　まさに、一人ひとりの人権が身近な地域の中での主体的な暮らしとして、一層の確かさをもって実現されようとしていることを強く予感、実感させる動向である。我々も関係者として大いに期待をし、注目し、監視し、コミットしていきたいものである。

　一方、平成26年7月16日に示された「障害児支援の在り方に関する検討会」報告書においても、主体的な暮らしが地域の中で尊厳を担保されて営まれるためには、ライフステージを縦につなぐ連携とさまざまな地域資源が横のネットワークでつながる重要性が強調されている。そして、当事者に信頼されて寄り添う相談支援事業所と相談支援専門員の存在が不可欠なものとされている。

　しかし、障害児相談支援事業の普及と充実は未だ緒に就いたばかりであり、放課後等デイサービスの急激な増加や保育所等訪問支援事業の不足などは、地域に育っているはずの障害児相談支援事業所や相談支援専門員が十分に専門性と信頼性をもって地域で機能していない事態が一因ではないかと思われる。

　ヒューマンサービスにおいては、支援者個々のフィロソフィがベースになければならないことはいうまでもない。しかし、相談支援者としての知識や技術、情報、経験をおろそかにすることはできないし、また一方では残念ながら元気があるだけではこの重要な役割は務まらない。当事者や家族に対しての誠実性、公平性、バランスをもち、かつ元気のよいサポーターが寄り添っていたらどんなに本人や家族から心強く思われるだろうか。その意味では、発達論、アセスメント論、カウンセリング論、家族グループダイナミックス論などを基礎とする障害児相談支援専門員の養成も未だ不全状態で、喫緊の課題であるだろう。

　今後の具体的な対策として、平成25年度厚生労働省障害者総合福祉推進事業として当会が受託実施した「障害児通所支援の今後の在り方に関する調査研究」の一部である「障害児相談支援事業」に関する報告書を再整理した本書に譲るとしても、こうした流れを、この社会に生み出した関係者として責任の一端があることを忘れず、我々は責任を果たすための持続的な努力をしなければならない。

　今ここに、それらのための日常的な手がかりが時宜を得た形で、発刊できることをうれしく思う次第である。本書が障害児相談支援事業、ひいては障害児支援全般の発展に寄与することを祈念して、発刊の挨拶に代える。

平成28年5月吉日

一般社団法人　全国児童発達支援協議会　会長　加藤　正仁

もくじ

発刊に寄せて ……………………………………………………………………… 3
おことわり ………………………………………………………………………… 8
はじめに …………………………………………………………………………… 9

第1章　事業の概要

1　障害児相談支援事業の概要 …………………………………………………… 12
2　障害児相談支援事業の法的位置づけ ………………………………………… 12
3　指定基準 ………………………………………………………………………… 13
　　1）基本方針　15
　　2）人員基準　15
　　3）運営基準　15

4　報酬基準 ………………………………………………………………………… 16
　　1）基本報酬　16
　　2）特別地域加算：所定単位×15／100を所定単位に加算　16
　　3）利用者負担上限額管理加算：150単位／月
　　4）初回加算：500単位／月　17
　　5）特定事業所加算：300単位／月　17

5　関連する諸事業の役割と障害児相談支援事業との関連 …………………… 17
　　1）一般相談支援事業　17
　　2）特定相談支援事業　18
　　3）基幹相談支援センター　19
　　4）委託相談支援事業者　20

第2章　事業の理念と実施に向けた留意点

1　新たな障害児支援の体系と障害児相談支援 …………………………………………22
2　障害児発達支援とケアマネジメント ……………………………………………………24
3　障害児（者）地域療育等支援事業が提起した理念と手法〜障害児・者相談支援事業
　　の萌芽 ……………………………………………………………………………………24
4　障害児相談支援とは ……………………………………………………………………26
　　1）障害児相談支援における4つの基本的視点　26
　　2）障害児相談支援体制の構築　27
　　3）ライフステージに応じた一貫した支援　28
　　4）家族支援　30
　　5）障害児相談支援事業における「基本相談」の重要性　31

5　子どもの各ライフステージにおける相談支援の役割 ………………………………32
　　1）早期相談支援　32
　　2）幼児期・就学前の相談支援　34
　　3）学齢期・青年期の相談支援　35

6　身近な相談窓口としての役割 …………………………………………………………39
7　相談支援専門員＝まちづくりを担うソーシャルワーカーとしての役割 ………40
8　子ども・子育て支援制度との関係〜「障害児支援の在り方に関する検討委員会」報告書から〜
　　……………………………………………………………………………………………41
　　1）子ども・子育て支援制度　41
　　2）「障害児支援の在り方に関する検討委員会」報告書　42

第3章　事業の進め方とその視点

1　障害児支援利用計画作成における基本プロセス ………………………………46
2　児童期における相談支援の特徴 …………………………………………………52
　　1）相談受付　52
　　2）アセスメント　53
　　3）事前連絡会議等　53
　　4）障害児支援利用計画（案）の作成　54
　　5）モニタリング　54

3　支援プロセスの流れを中心とした相談支援の実際 ……………………………57
　　1）事例の概要　57
　　2）事例についての補足と課題　60

4　計画相談実務のルールづくり ……………………………………………………62
　　1）相談支援の周知・アウトリーチ　62
　　2）計画相談支援の進め方（プロセス）・仕事の出し方・引き受け方　63

5　人材育成〜地域での人材育成・スキルアップの仕組みと質の担保〜 ………69
　　1）児童期における相談支援従事者人材育成　69

6　地域づくりと地域での協議の基盤づくり ………………………………………71
　　1）協議の場づくりと（自立支援）協議会の活用・活性化　71
　　2）地域課題の抽出と資源開発への取り組み　73

第4章　児童期特有の課題への対応〜4つの事例から〜

1　乳幼児期における子どもと家族に寄り添う支援 ………………………………76
　　1）事例の概要　76
　　2）事例のポイント　77

2　家族支援が必要なケースの就学期における支援 ………………………………86
　　1）事例の概要　86
　　2）事例のポイント　87

3 　学童期の関係機関の連携の中での親子への寄り添いと発達支援 …………96
　　　1）事例の概要　96
　　　2）事例のポイント　96

4 　体調不良から医療的ケアが必要となったダウン症児の発達支援と家族支援…106
　　　1）事例の概要　106
　　　2）事例のポイント　106

●事例のまとめ …………………………………………………………………118

第5章　まとめ　これからの障害児相談支援への提言

1 　障害児相談支援事業の対象は「子ども」………………………………120
2 　基本相談の重要性と効果的な連携体制づくり ………………………120
3 　障害児等療育支援事業もふまえた重層的な支援体制づくり ………121
4 　子ども・子育て支援制度との支援の連続性 …………………………122
5 　地域連携をさらに進めるために ………………………………………123
6 　相談支援のデザイン ……………………………………………………124

● 資料 ……………………………………………………………………………127
あとがき …………………………………………………………………………131

おことわり

本書で使用する用語について

- **「障害」の表記について**

　「障害」を「障がい」や「障碍」と記載する文書が増えていますが、真に問題であるのは、「害」という漢字だけではなく、「しょうがい」という言葉そのものだと考えられます。また、「『障害』は社会との関係における『障害＝バリア』を表している」という考え方もあり、障害のある人たちが中心となった障がい者制度改革推進会議の「第二次意見」でも、当分の間、このままの表記で使用する旨記載されました。

　本報告書では、「しょうがい」という言葉の根本的見直しが必要であるという観点から、すでに制度や団体の名称で用いられている表記以外は漢字のひらがなへの置き換えはせず、「障害」という用語をあえて使用します。

- **「発達支援」および「療育」について**

　報告書文中では、両語をほぼ同義に使用しています。つまり、「障害のある子ども（もしくはその可能性のある子ども）が地域で育つときに生じるさまざまな問題を解決していく努力のすべて。障害のある子どもの育児支援・家族支援や、子どもが利用する地域資源への支援も含む」という概念で用いています。主には「発達支援」を用いますが、障害者基本法などでは「療育」という用語も用いられることから、事業名などで使用されている場合には「療育」という用語は残しています。

- **「発達障害」「自閉症」の表記について**

　発達障害者支援法で定義された「自閉症、アスペルガー症候群その他の広汎性発達障害、学習障害、注意欠陥多動性障害その他これに類する脳機能の障害」として使用します。

　また、「自閉症」の表記について、DSM-5 においては、平成 25 年 5 月より、アスペルガー症候群も自閉症も「自閉症スペクトラム障害（または自閉スペクトラム症）」に名称が統一されました。しかし、本書の編集時点では、国際疾病分類 ICD-10 での名称は変更されておらず、かつ発達障害者支援法においても変更されていないという経緯から、引き続き「自閉症」を使用します。

- **「児童発達支援計画」「保育所等訪問支援計画」「放課後等デイサービス計画」の記載について**

　児童福祉法では、それぞれの事業の管理責任者が作成する「個別支援計画」について、見出しのような個別の名称が付けられています。しかし、その認知度は低く混乱している現状があります。成人を対象としたサービスでは「個別支援計画」に一元化されており認知度も高いため、本書では障害者総合支援法と統一して「個別支援計画」を使用することにします。

- **「旧・自立支援協議会」の表記について**

　平成 24 年 1 月に法定化された市町村自立支援協議会および都道府県自立支援協議会は、平成 25 年度の障害者総合支援法の施行に伴って、それぞれ「市町村協議会」「都道府県協議会」とされました。しかし、単に「協議会」と記載すると他の協議会との混同が生じる危険があるため、本書では「（自立支援）協議会」と表すこととしました。

※出典に明記のない図表は、平成25年度障害者総合福祉推進事業「障害児通所支援の今後の在り方に関する調査研究」報告書のものです。

はじめに

　児童福祉法は平成24年度に障害児福祉部分で大きく改正され、さまざまな新規事業が創設された。障害種別ごとに分かれていた障害児通所施設は一元化されて「児童発達支援」となり、障害のある子どもの育ちを地域の中で支援するはじめての個別給付による訪問型支援である「保育所等訪問支援」、障害児施策としてはじめて学齢障害児の放課後活動を支援する「放課後等デイサービス」などが登場した。これらの事業は、これも新たに児童福祉法に位置づけられた「障害児相談支援事業」によって、相談の受け付けから子どもの評価、サービス利用計画の作成、サービス提供者への引き継ぎ、サービス利用後のモニタリングなどが実施されて継続的にコーディネートされることになった。

　平成24年度の児童福祉法改正は、障害のある子どもたちの成人期の生活を見据えた地域ぐるみの支援への画期的な転換であり、障害者権利条約がめざすインクルージョン社会を具現化し、ノーマライゼーション理念や国連ICFの理念（医学モデルから社会モデルへの転換）につながる重要な意味をもつ改革であった。

　わが国の社会福祉（児童福祉、高齢者福祉、障害福祉）は、21世紀に入り、「官・事業所優位」と批判されながら50年以上も続いた長い措置制度の時代から、「利用契約制度」の時代に移行した（社会福祉基礎構造改革）。利用契約制度は、サービスの利用者・サービスの提供者・行政が対等な立場でサービスを授受する制度であり、インクルージョンの時代の支援のための重要な制度基盤である。この改革により、児童福祉と高齢者福祉では、平成12年に保育所の契約制度と公的介護保険制度がスタートし、障害者福祉では平成15年に「支援費制度（後に、障害者自立支援法、障害者総合支援法）」がスタートした。また、障害児福祉においては「平成24年度改正児童福祉法」により本格的に実施されることになった。

図1　医学モデルと社会（生活）モデル

	医学モデル	社会（生活）モデル
障害の原因	病気・外傷などの健康状態から直接的に生じる	不適切な社会環境
責任の帰属	個人	社会全体の共同責任
対処	障害の改善・個人の努力／専門職の訓練による改善	完全参加に向けた社会的行動
目標・課題	医療技術の向上による障害の克服	「人権」を基盤にした社会の変革

インクルージョンの時代における障害福祉にとって利用契約制度は必須かつ重要な制度基盤である。しかし、障害のある当事者やその家族の中で、自らの障害やおかれた環境を客観的に評価し適切なサービスを組み合わせて、自ら希望する生活を設計できる人は限られている。サービス利用者の立場に立って事業所との契約とサービスの適切な利用を支援できる仕組みがなければ、措置制度における「官・事業者優位」と同様の状態になってしまう危険がある。

　そこで、日常的な相談にのり、障害の状況を判断し、地域生活支援や育児への支援のために必要なサービスを組み合わせて提案する「武器」となる手法が必要になる。それこそが障害児・者ケアマネジメント（後述）であり、ケアマネジメント手法を推進する事業が本書のテーマである「障害児・者相談支援事業」である。

　しかし、高邁な理想と理念をもつ改正児童福祉法ゆえに、逆に事業所（サービス提供者）、市町村行政、そして利用者（支援を受ける児童と家族）は、新しい障害児支援をイメージすることができずに混乱し、すべての新規事業が円滑に実施できていない状況がある。とくに、障害児相談支援事業は、障害児に対応できる事業所（相談支援専門員）の不足や計画作成の地域格差などが大きな問題になっている。

　このような状況を受けて、全国児童発達支援協議会は、平成25年度に「厚生労働省障害者総合福祉推進事業『障害児通所支援の今後の在り方に関する調査研究』」を受託し、障害児・者相談支援事業全国連絡協議会と協力して40人近い研究協力者を集めて、「児童発達支援」「保育所等訪問支援」「放課後等デイサービス」および「障害児相談支援」の現状を分析し、実施方法について提案した。

　このハンドブックは、そのなかの障害児相談支援事業について加筆・修正したものである。

　本書が障害児福祉の現場の支援者に利用され、今後の障害児支援の糧となることを期待したい。

図2　社会（生活）モデルの支援における相談支援事業の立場

●社会（生活）モデルの支援の目標
　⇒インクルージョン

●社会（生活）モデルの支援の制度基盤
　⇒利用契約制度
　　（利用者と事業者が対等な立場で契約し利用する制度）

しかし！　利用者は客観的自己評価はできず、制度・サービスについての情報や知識もない

●利用契約制度推進の武器
　＝相談支援事業（障害児・者ケアマネジメント）

第 1 章

事業の概要

1. 障害児相談支援事業の概要

　障害児相談支援は、障害者自立支援法（現・障害者総合支援法）の改正に伴う「サービス利用支援（計画相談支援）」の登場に合わせる形で創設された。

　障害児相談支援は、児童福祉法に規定する障害児通所支援（児童発達支援、保育所等訪問支援、放課後等デイサービス）の支給決定の際の参考となる「障害児支援利用計画案」の作成、支給決定後の「障害児支援利用計画」の確定、一定期間毎の「継続障害児支援利用援助（モニタリング）」を行う事業である。なお、障害児入所支援に対する利用援助はいまだ児童相談所の役割であり、短期入所や居宅介護などの障害者総合支援法に基づくサービス利用については「サービス利用支援（計画相談支援）」が適用される。

　障害児支援利用計画は、障害児およびその家族を支える指針となるものであり、障害児およびその家族と地域の関係機関を結び合わせ、将来の暮らしに向けてサービスを円滑につなげていくバトンとなるものである。そのため、障害児通所支援だけでなく、障害者総合支援法に基づく障害福祉サービスや保育所・学校などのフォーマルな支援に加え、ボランティアなどのインフォーマルな支援を含めて組み合わせることが重要である。

　障害児相談支援は、障害児支援利用計画に係る業務を行うものであるが、障害児通所支援の利用相談から始まることは稀である。「育てにくい」「発達が気になる」など、子育ての不安から相談が始まることが多く、本来の障害児通所支援につなげるまでの相談に時間を要することも多い。そのため、計画案の提出を目的とするだけでなく、保護者との信頼関係を構築し、わが子の障害に向き合わざるを得ない保護者の不安に寄り添うことが本質的な業務であるということができる。

　あわせて、児童期の支援は市町村保健センターや医療機関、保育所や学校など関係する機関の数が多く、かつ短いサイクルで関わりが変化するため、ていねいな連携が不可欠になる。その際、地域の支援機能の全体像を把握したうえで、その連携の要を担うことも障害児相談支援事業の重要な役割である。

2. 障害児相談支援事業の法的位置づけ

　障害児相談支援は、平成24年4月の児童福祉法改正によって法律に位置づけられるとともに、社会福祉法の第二種社会福祉事業として位づけられた。その内容は、「障害児支援利用援助（計画相談支援）」と「継続障害児支援利用援助（モニタリング）」から成り立っている。

　障害児支援利用援助とは、①アセスメント（障害特性や生活環境、意向などの確認）の実施、②利用する障害児通所支援の種類や内容および量など提案する「障害児支援利用計画案」の作成、③通所給付決定（変更の決定を含む）後の「サービス担当者会議」の開催、

④給付決定などに係る障害児通所支援の種類や内容および量などを記載した「障害児支援利用計画」を作成することをいう。

継続障害児支援利用援助とは、①「障害児支援利用計画」（変更の計画を含む）のモニタリング（支援の利用状況、支援の適切性、効果などを一定の期間ごとに検証）、②再アセスメントの実施、③障害児支援利用計画の見直しを行い、関係者との連絡調整をふまえて、新たな通所給付決定または通所給付決定の変更が必要である場合には、保護者に対し給付決定などに係る申請の勧奨を行うことをいう。

障害児相談支援は、障害者総合支援法に規定する相談支援に類似するものであるが、相談支援に含まれる「基本相談」は児童福祉法には規定されていない。

また、短期入所や居宅介護などの障害者総合支援法に規定する障害福祉サービスを利用する場合には、対象が児童であっても「サービス利用支援（計画相談）」が適用される。そのため、障害児の相談支援を円滑に実施するためには、指定障害児相談支援事業者と指定特定相談支援事業者両方の指定が必要である。

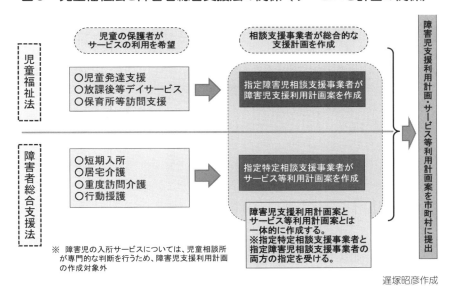

図3　児童福祉法と障害者総合支援法の関係（サービスと計画の関係）

遅塚昭彦作成

3．指定基準

障害児相談支援は、児童福祉法に基づく「指定障害児相談支援の事業の人員及び運営に関する基準（平成24年厚生労働省令第29号）」により、本事業の基本方針、人員及び設備、運営に関して規定されている。

児童福祉法（一部要約）
第6条の2
○6　この法律で、障害児相談支援とは、障害児支援利用援助及び継続障害児支援利用援助を行うことをいい、障害児相談支援事業とは、障害児相談支援を行う事業をいう。

○7　この法律で、障害児支援利用援助とは、第21条の5の6第1項又は第21条の5の8第1項の申請に係る障害児の心身の状況、その置かれている環境、当該障害児又はその保護者の障害児通所支援の利用に関する意向その他の事情を勘案し、利用する障害児通所支援の種類及び内容その他の厚生労働省令で定める事項を定めた計画（以下「障害児支援利用計画案」という。）を作成し、第21条の5の5第1項に規定する通所給付決定（次項において「通所給付決定」という。）又は第21条の5の8第2項に規定する通所給付決定の変更の決定（次項において「通所給付決定の変更の決定」という。）（以下「給付決定等」と総称する。）が行われた後に、第21条の5の3第1項に規定する指定障害児通所支援事業者等その他の者（次項において「関係者」という。）との連絡調整その他の便宜を供与するとともに、当該給付決定等に係る障害児通所支援の種類及び内容、これを担当する者その他の厚生労働省令で定める事項を記載した計画（次項において「障害児支援利用計画」という。）を作成することをいう。

○8　この法律で、継続障害児支援利用援助とは、通所給付決定に係る障害児の保護者（以下「通所給付決定保護者」という。）が、第21条の5の7第8項に規定する通所給付決定の有効期間内において、継続して障害児通所支援を適切に利用することができるよう、当該通所給付決定に係る障害児支援利用計画（この項の規定により変更されたものを含む。以下この項において同じ。）が適切であるかどうかにつき、<u>厚生労働省令で定める期間</u>ごとに、当該通所給付決定保護者の障害児通所支援の利用状況を検証し、その結果及び当該通所給付決定に係る障害児の心身の状況、その置かれている環境、当該障害児又はその保護者の障害児通所支援の利用に関する意向その他の事情を勘案し、障害児支援利用計画の見直しを行い、その結果に基づき、次のいずれかの便宜の供与を行うことをいう。

一　障害児支援利用計画を変更するとともに、関係者との連絡調整その他の便宜の供与を行うこと。

二　新たな通所給付決定又は通所給付決定の変更の決定が必要であると認められる場合において、当該給付決定等に係る障害児の保護者に対し、給付決定等に係る申請の勧奨を行うこと。

児童福祉法施行規則（一部要約）
第1条の2の5　法第6条の2第8項に規定する厚生労働省令で定める期間は、障害児の心身の状況、その置かれている環境、当該障害児の総合的な援助の方針及び生活全般の解決すべき課題、提供される障害児通所支援の目標及びその達成時期、障害児通所支援の種類、内容及び量、障害児通所支援を提供する上での留意事項並びに次の各号に掲げる者の区分に応じ<u>当該各号に定める期間を勘案して、市町村が必要と認める期間</u>とする。ただし、<u>第三号に定める期間については、当該通所給付決定又は通所給付決定の変更に係る障害児通所支援の利用開始日から起算して三月を経過するまでの間に限る</u>ものとする。

一　次号及び第三号に掲げる者以外のもの　六月間
二　次号に掲げる者以外のものであつて、次に掲げるもの　一月間
イ　障害児入所施設からの退所等に伴い、一定期間、集中的に支援を行うことが必要である者

> ロ　同居している家族等の障害、疾病等のため、指定障害児通所支援事業者等との連絡調整を行うことが困難である者
> 三　通所給付決定又は通所給付決定の変更により障害児通所支援の種類、内容又は量に著しく変動があつた者　一月間

1）基本方針

❶指定障害児相談支援の事業は、障害児又は障害児の保護者の意思及び人格を尊重し、常に当該障害児等の立場に立って行われるものでなければならない。

❷指定障害児相談支援の事業は、障害児が自立した日常生活又は社会生活を営むことができるように配慮して行われるものでなければならない。

❸指定障害児相談支援の事業は、障害児の心身の状況、その置かれている環境等に応じて、障害児等の選択に基づき、適切な保健、医療、福祉、教育等のサービスが、多様な事業所から、総合的かつ効率的に提供されるよう配慮して行われるものでなければならない。

❹指定障害児相談支援の事業は、当該障害児等に提供される福祉サービス等が特定の種類又は特定の障害児通所支援事業を行う者に不当に偏ることのないよう、公正中立に行われるものでなければならない。

❺指定障害児相談支援事業所は、市町村、障害児通所支援事業を行う者等との連携を図り、地域において必要な社会資源の改善及び開発に努めなければならない。

❻指定障害児相談支援事業所は、自らその提供する指定障害児相談支援の評価を行い、常にその改善を図らなければならない。

2）人員基準

指定障害児相談支援の人員基準は以下のとおりである。

区　分	職　種	基　準
従業者	相談支援専門員	専らその職務に従事する者をおかなければならない。 ただし、指定障害児相談支援の業務に支障がない場合は、指定障害児相談支援事業所の他の業務や、併設する事業所や施設等の業務に従事させることができる。
管理者		常勤で、原則として管理業務に従事するもの （管理業務に支障がない場合は、指定障害児相談支援事業所の他の業務や、併設する事業所の業務を兼ねることができる）

3）運営基準

以下の事項について、規定が設けられている。

①内容及び手続の説明及び同意、②契約内容の報告等、③提供拒否の禁止、④サービス

提供困難時の対応、⑤受給資格の確認、⑥通所給付決定の申請に係る援助、⑦身分を証する書類の携行、⑧障害児相談支援給付費の額等の受領、⑨利用者負担額に係る管理、⑩障害児相談支援給付費の額に係る通知等、⑪指定障害児相談支援の具体的取扱方針、⑫障害児相談支援対象保護者に関する市町村への通知、⑬管理者の責務、⑭運営規程、⑮勤務体制の確保等、⑯設備及び備品等、⑰衛生管理等、⑱掲示等、⑲秘密保持等、⑳広告、㉑指定障害児通所支援事業者等からの利益収受等の禁止、㉒苦情解決、㉓事故発生時の対応、㉔会計の区分、㉕記録の整備

4．報酬基準

障害児相談支援の報酬については、児童福祉法に基づく「指定障害児相談支援に要する費用の額の算定に関する基準（平成24年厚生労働省告示126号）」に規定されている。

1）基本報酬
❶障害児支援利用援助費：1,611単位／月
❷継続障害児支援利用援助費：1,310単位／月

2）特別地域加算：所定単位×15／100を所定単位に加算

別に厚生労働大臣が定める地域（別表1）に居住している利用者に対して指定障害児相談支援を行った場合に算定

別表1）

1. 離島振興法第2条第1項の規定により指定された離島振興対策実施地域
2. 奄美群島振興開発特別措置法第1条に規定する奄美群島
3. 豪雪地帯対策特別措置法第2条第2項の規定により指定された特別豪雪地帯
4. 辺地に係る公共的施設の総合整備のための財政上の特別措置等に関する法律第2条第1項に規定する辺地
5. 山村振興法第7条第1項の規定により指定された振興山村
6. 小笠原諸島振興開発特別措置法第2条第1項に規定する小笠原諸島
7. 半島振興法第2条第1項の規定により指定された半島振興対策実施地域
8. 特定農山村地域における農林業等の活性化のための基盤整備の促進に関する法律第2条第1項に規定する特定農山村地域
9. 過疎地域自立促進特別措置法第2条第1項に規定する過疎地域
10. 沖縄振興特別措置法第3条第3号に規定する離島

3）利用者負担上限額管理加算：150単位／月

指定障害児相談支援事業者が、利用者負担額合計額の管理を行った場合に算定

4）初回加算：500単位／月

次に掲げる基準のいずれかを満たす場合に算定
❶新規に障害児支援利用計画を作成する場合
❷計画作成月の前6か月間に障害児通所支援または障害福祉サービスを利用していない場合

5）特定事業所加算：300単位／月

次に掲げる基準のすべてを満たす場合に算定
❶常勤の相談支援専門員を3名以上配置し、かつ、1名以上が相談支援従事者現任研修を修了していること（3人目以上の相談支援専門員については業務に支障がなければ兼務も可）。
❷利用者に関する情報またはサービス提供に当たっての留意事項に係る伝達等を目的とした会議を定期的に開催すること。
❸24時間連絡体制を確保し、かつ、必要に応じて利用者等の相談に対応する体制を確保していること。
❹指定障害児相談支援事業所の新規に採用したすべての相談支援専門員に対し、相談支援従事者現任研修を修了した相談支援専門員の同行による研修を実施していること。
❺基幹相談支援センター等から支援が困難な事例を紹介された場合においても、当該支援が困難な事例に係る者に指定障害児相談支援を提供していること。
❻基幹相談支援センター等が実施する事例検討会等に参加していること。

5．関連する諸事業の役割と障害児相談支援事業との関連

　障害児相談支援事業所と関連する機関として、障害者総合支援法に基づく①一般相談支援事業者、②特定相談支援事業者、③基幹相談支援センターおよび④市町村から障害者相談支援事業の委託を受けた委託相談支援事業者（以下、「委託相談支援事業者」）がある。

1）一般相談支援事業

　一般相談支援事業は、基本相談支援および地域相談支援（地域移行支援および地域定着支援）を行う。
　基本相談支援は、障害者、障害児の保護者または障害者などの介護を行う者からの相談に応じ、必要な情報の提供や助言を行い、あわせてこれらの者と市町村および障害福祉サービス事業者などとの連絡調整（サービス利用支援および継続サービス利用支援に関するものを除く）などを総合的に行う。
　地域移行支援とは、障害者支援施設、精神科病院、生活保護法に規定する救護施設およ

び更生施設、ならびに刑務所等の矯正施設などに入所・入院している障害者に対して、住居の確保など地域生活に移行するための相談や支援を行うことをいう。

地域定着支援とは、居宅において単身などで生活する障害者に対して、常に連絡がとれる体制を確保して緊急に支援が必要な事態が生じた場合に相談や支援を行うことをいう。

2）特定相談支援事業

特定相談支援事業は、基本相談支援および計画相談支援（サービス利用支援および継続サービス利用支援）を行う事業である。

サービス利用支援とは、サービス等利用計画案を作成し、支給決定が行われた後に障害福祉サービス事業者などとの連絡調整によりサービス等利用計画を作成することをいう。

継続サービス利用支援とは、サービス等利用計画が適切であるかどうか、適切な期間ごとに障害福祉サービスの利用状況を検証し、その結果、サービス等利用計画の見直しなどを行うことをいう（いわゆる「モニタリング」）。

ちなみに、障害児相談支援事業の中に基本相談は含まれておらず、この点は児童福祉法の不備ともいえる。ただし、障害児相談支援事業者としての指定を受ける場合には、同時に障害者総合支援法の特定相談支援事業者の指定も受けることとされているので、実務上は問題にはならない。

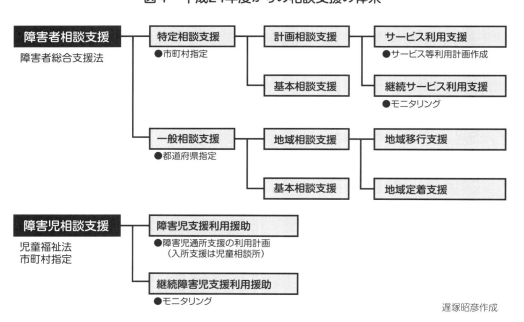

図4　平成24年度からの相談支援の体系

遅塚昭彦作成

3）基幹相談支援センター

基幹相談支援センターは、地域における相談支援の中核的な役割を担う機関として市町村が設置するが、相談支援事業者に委託することができる。業務内容は障害者相談支援事業、成年後見制度利用支援事業ならびに虐待の防止や早期発見などの権利擁護である。

具体的には、地域の実情に応じて以下の業務を行う。

❶総合的・専門的な相談支援の実施
・障害の種別や各種のニーズに対応できる総合的な相談支援や専門的な相談支援

❷地域の相談支援体制強化の取り組み
・地域の相談支援事業者に対する訪問等による専門的な指導、助言
・地域の相談支援事業者の人材育成の支援（研修会の企画・運営、日常的な事例検討会の開催、サービス等利用計画の点検・評価等）
・地域の相談機関（相談支援事業者、身体障害者相談員、知的障害者相談員、民生委員、高齢者、児童、保健・医療、教育・就労等に関する各種の相談機関等）との連携強化の取り組み

❸地域移行・地域定着の促進の取り組み
※ 基幹相談支援センターは、地域の実情に応じて市町村が設置する（自立支援）協議会の運営の委託を受けるなどにより、地域の障害者等の支援体制の強化を図る。

❹権利擁護・虐待の防止
・成年後見制度利用支援事業の実施
・障害者等に対する虐待を防止するための取り組み

図5　基幹相談支援の役割のイメージ

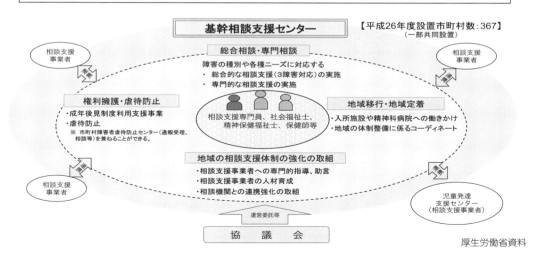

厚生労働省資料

4）委託相談支援事業者

　市町村は、地域生活支援事業の必須事業として相談支援事業を実施しなくてはならない。相談支援事業を、常勤の相談支援専門員が配置されている相談支援事業者に委託することが可能であり、これを委託相談支援事業という。

　相談支援事業の内容は、障害者が自立した日常生活または社会生活を営むことができるよう、障害者、障害児の保護者または障害者の介護を行う者からの相談に応じ、必要な情報の提供および助言を行うとともに、虐待の防止や早期発見のための関係機関との連絡調整などの権利擁護を行う事業である。ここで示されている相談支援事業は、市町村が行う一般的な相談支援であり、計画相談支援や地域相談支援（地域移行支援および地域定着支援）とは別の事業であることに注意すべきである。そのため、原則的として計画相談や地域相談などを実施するためには、人員基準に基づく相談支援専門員の配置が別途必要になる。

　市町村が行うべき相談支援事業と、相談支援事業者が行うべき基本相談は、法文上は類似した内容が示されているが、市町村が本来、住民からのあらゆる相談に対応すべきであることに比較すると、相談支援事業者が行う基本相談は、計画相談の前段階や周辺の相談を中心として行うべきものと解釈すべきである。

　委託相談支援事業所は、市町村が実施すべき相談支援事業を行うことを委託されているため、その責任は重大である。委託元の市町村における相談支援に対する必要量を考慮して、十分な人員配置などの体制整備を行う必要がある。

第2章

事業の理念と実施に向けた留意点

1. 新たな障害児支援の体系と障害児相談支援

平成22年12月、障害者自立支援法（現・障害者総合支援法）および児童福祉法の一部が改正された。両法の改正を受けて障害児支援の強化を図るため、平成24年4月から、それまで障害種別に分かれていた障害児施設支援が障害児通所支援および障害児入所支援に再編された（図6）。

障害児通所支援として、児童発達支援、医療型児童発達支援、保育所等訪問支援、放課後等デイサービスが創設されるとともに、新たに障害児相談支援事業が児童福祉法に位置づけられ、障害児通所支援をコーディネートすることになった。障害児相談支援事業は、障害児の家庭を訪問するなどにより、利用児の心身の状況、保護者の意向やそのおかれている家庭環境などを把握したうえで、適切な保健、医療、福祉、教育、就労支援などのサービスの総合的かつ効率的な提供に向けた障害児支援利用計画を作成する。

図6　新たな障害児支援の体系

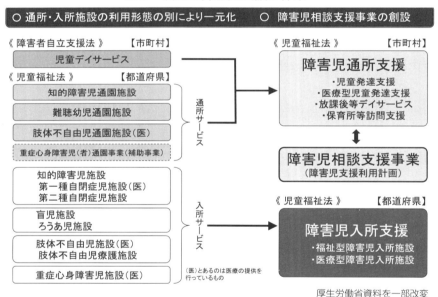

厚生労働省資料を一部改変

同時に、障害児通所支援や18歳以上の障害児施設入所者の給付決定などの事務が、都道府県からより身近な市町村に移行されたため、支援目標を共有したサービス提供の仕組みが市町村を基本として整えられることとなった。

障害者自立支援法（現・障害者総合支援法）の施行以来、各サービス提供事業所ではサービス管理責任者により個別支援計画が作成されており、障害児のサービス提供についても同様に個別支援計画が作成されてきた。平成24年4月の法改正に伴い、障害児施設にも

新たに児童発達支援管理責任者（サービス管理責任者）が配置されることになり、個別支援計画（児童発達支援計画など）の作成が義務づけられることになった。この措置により、障害児相談支援事業所が作成する障害児支援利用計画によるコーディネートプランとの連続性をもった新たな支援スタイルができあがった。

障害児支援利用計画は、利用者の立場から見ると「子どもが望む将来の暮らしに向けた支援プロセスを言語化するもの」であり、支援者にとっては「チーム支援に向けた課題と目標を言語化し共有するツール」として重要な役割をもつ。つまり、従来の漠然としたイメージに基づく支援から、本人の願いや思いに基づいた、根拠と客観性のある支援への大きな転換である。障害児支援利用計画を中心に地域生活をサポートしていく歴史のスタートであり、「障害児相談支援の前史から本史への転換」ということもできる。

措置制度下における児童相談所と障害児関係施設の関係、あるいは支援費制度以降の支給決定市町村とサービス提供事業所の関係は、相談支援専門員や児童発達支援管理責任者などさまざまな業種や職種による本格的な連携・協働による発達支援へと姿を変え、まさしく市町村単位の身近な地域を基盤にして、障害児支援を大きく発展させる仕組みづくりが始まったといえる。

平成24年4月の法改正は、障害児福祉関係者にとって劇的ともいえる変化であったが、子ども一人ひとりのライフステージを見通した新たな、そして確かな自立支援（発達支援）の展開を実現するためには、必要不可欠な改正であったといえる。

図7　障害児支援利用計画と個別支援計画との関係

宮田広善作成

2．障害児発達支援とケアマネジメント

　相談支援事業は、障害児・者支援におけるケアマネジメント手法の制度化である。そのため、相談支援事業の説明の前にケアマネジメントについてふれておく必要がある。

　障害者ケアマネジメントは、「障害者の地域における生活を支援するために、ケアマネジメントを希望する者の意向をふまえて、福祉・保健・医療・教育・就労などの幅広いニーズと、様々な地域の社会資源の間に立って、複数のサービスを適切に結びつけて調整を図るとともに、総合的かつ継続的なサービスの供給を確保し、さらには社会資源の改善及び開発を推進する援助方法（厚生労働省「障害者ケアガイドライン」平成14年3月31日）」と定義されており、利用契約時代の障害福祉において基盤となる手法である。

　従来の障害児支援は、関わる職員の個人的力量に依存する「職人芸」として進められてきた感がある。そのため、普遍化や継続性という点で問題（担当が替わったり施設を変わったりすると支援の質が変化するなど）が指摘されてきた。多くの職種と地域機関の協力・連携（横の連携）を前提にし、乳幼児期から学齢期そして成人期へとライフステージを通した連携（縦の連携）が求められる障害児支援においては、ケアマネジメント手法の導入は不可欠である。

　今後の障害児支援には、ケアマネジメント手法を駆使して、それぞれの子どもの状態と家庭や地域の環境などを考慮した支援計画を作成し、「外部からのチェック機能」の導入による普遍性や一貫性を担保できるシステムが必要である。このようなシステムの基盤となり、今後の障害児支援を牽引する中心的事業が障害児相談支援事業である。

3．障害児（者）地域療育等支援事業（平成8年〜14年度）が提起した理念と手法〜障害児・者相談支援事業の萌芽〜

　障害児や障害者の相談支援事業を考えるとき、平成8年度からスタートした「障害者プラン」の中心的な事業であった「障害児（者）地域療育等支援事業」（以下、「支援事業」と略す）を想起しなければならない。

　障害児と知的障害者を対象とした「支援事業」は、身体障害者を対象にした「市町村障害者生活支援事業」、精神障害者を対象にした「精神障害者地域生活支援センター」とともに、柔軟な相談支援体制をより身近な地域で整備する「新しい時代の制度」として期待された。この

表1　障害児（者）地域療育等支援事業

障害児(者)地域療育等支援事業（平成8年）
【療育等支援施設事業：30万人圏域に2か所】
1．在宅支援訪問療育等指導事業 　①巡回相談 　②訪問による健康診査
2．在宅支援外来療育等指導事業
3．地域生活支援事業
4．施設支援一般指導事業
【療育拠点施設事業：都道府県・政令市に1か所】
1．施設支援専門指導事業
2．在宅支援専門療育指導事業

3事業の中で、「支援事業」だけは相談支援部分である「地域生活支援事業」の他に、「措置定員外での支援（外来）」「保育所などへの巡回・訪問（訪問療育）」「地域の保育所などの職員への研修機能（施設支援）」という支援手法をもち、受託施設がその機能を「出来高払い」で展開するという措置制度時代としては先進的な事業形態を有していた点も重要である（表1）。

あらためて「支援事業」が提起した相談支援と地域支援の在り方を考えると、以下の4点に集約される。

- 事業を人口30万人（概ね障害保健福祉圏域に一致）に2か所の「療育等支援施設事業」と都道府県・指定都市に1か所の「療育拠点施設事業」に分けて、都道府県レベルでの療育と相談支援の重層化を図ったこと。
- 市町村エリア（圏域）を活動範囲とするコーディネーターを受託施設に配置し（地域生活支援事業）、在宅の障害児（者）とその家族の支援ニーズを掘り起こし、受託施設だけでなく地域の社会資源も活用して具体的な援助の展開を企図したこと（この部分が相談支援事業に移行）。
- 在宅の障害児（者）への具体的なサービスを、「訪問（巡回）」「外来」「地域の施設への支援」というメニューで展開し、その実績に対して「出来高払い」で支援施設が収入を得るという、従来の障害福祉制度にはみられなかった手法を導入したこと。
- 支援施設の機能だけで対象者のニーズを満たせない場合には、「出来高払い」の収入などによって「再委託」や「専門職の雇い上げ」などの方法を用いて援助できるようにしたこと。

図8　障害児（者）地域療育等支援事業の一般財源化

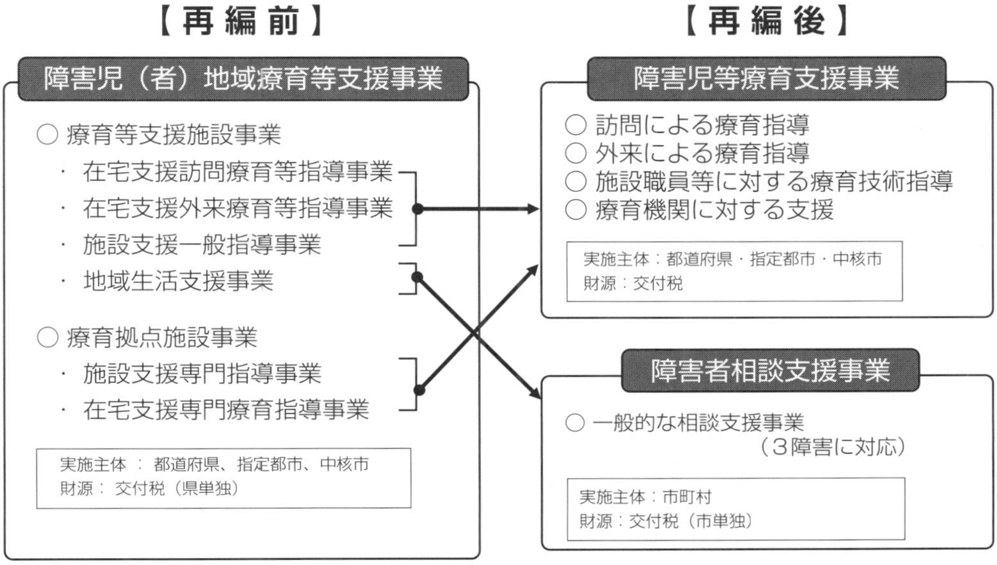

【再編前】

障害児（者）地域療育等支援事業
○ 療育等支援施設事業
　・在宅支援訪問療育等指導事業
　・在宅支援外来療育等指導事業
　・施設支援一般指導事業
　・地域生活支援事業
○ 療育拠点施設事業
　・施設支援専門指導事業
　・在宅支援専門療育指導事業

実施主体：都道府県、指定都市、中核市
財源：交付税（県単独）

【再編後】

障害児等療育支援事業
○ 訪問による療育指導
○ 外来による療育指導
○ 施設職員等に対する療育技術指導
○ 療育機関に対する支援

実施主体：都道府県・指定都市・中核市
財源：交付税

障害者相談支援事業
○ 一般的な相談支援事業
　　　　　（3障害に対応）

実施主体：市町村
財源：交付税（市単独）

このような新しい理念と新しい手法をもった「支援事業」は、施設を基盤とする従来の制度の限界を超えて、障害のある人たちやその家族の地域生活への具体的な支援を展開していくという、新しい「制度モデル」として期待された。

　しかし、「支援事業」は平成15年度の支援費制度の実施に伴って、都道府県・政令市・中核市に一般財源化され、「訪問（巡回）」「地域機関への支援」「定員外の子どもたちへの『外来支援』」の機能は、市町村事業となった障害者相談支援事業と分離されて、都道府県・政令市・中核市の事業である「障害児等療育支援事業」として継続されることになった（図8）。

　「支援事業」における地域生活支援事業は、平成12年6月の社会福祉法制定により「障害者相談支援事業」として法制化されたため、児童の部分が曖昧になっていたが、平成24年度より「障害児相談支援事業」として再登場することになった。

　このように、「障害児（者）地域療育等支援事業」「市町村障害者生活支援事業」および「精神障害者地域生活支援センター」の3事業により芽生えた相談支援事業は、平成24年度の障害者自立支援法と児童福祉法の改正により「利用契約」「個別給付」という強固な制度的・財政的基盤をもった「障害者相談支援事業（指定特定相談支援、指定一般相談支援）」と「障害児相談支援事業」として確立されることになった。

4．障害児相談支援とは

1）障害児相談支援における4つの基本的視点

　障害児の相談支援が成人の相談支援と大きく異なる点は、対象となる障害児だけでなく子どもを育てる家族についても一体的に支援し、彼らが暮らす地域とのつながりの中で支えていくことを求めている点にある。

　そのため、障害児相談支援の実施にあたっては、以下の4つの基本的視点を重視するべきである。

●**気づきからの発達支援**
　障害児への早期支援や育児支援が将来の自立につながるという視点をもった「気づきの時期」からの支援

●**家族を含めたトータルな支援**
　障害児の生活の基盤となる家族全体へのトータルな支援

●**身近な地域でのネットワーク支援**
　共生社会の実現に向けた身近な地域でのネットワークの構築

●**継続的・総合的なつなぎの支援**
　ライフステージを見通す一貫性・継続性のある支援

　このような相談支援体制を実現するためには、専門的な技術を基盤にして、フォーマル

な社会資源だけでなくボランティアなどのインフォーマルな社会資源をも十分に活用する支援システムを構築するとともに、ライフステージを見通した継続的な相談支援体制を確立することが必要である（図9）。

2）障害児相談支援体制の構築

障害児相談支援は、市町村を基本として障害児の専門機関や都道府県などが連携して支える重層的構造を基盤にして展開していくことが大切である。

そのためには、身近な市町村の実情を熟知した専門的な相談支援の人材を確保・養成していくことが必要である。そして、相談支援専門員を中心に障害児の専門機関が有機的に連携することによって、地域全体の相談支援体制を図っていくことになる。

また、各市町村において従来から実施されてきた母子保健や子育て支援における相談体制の実情を客観的に分析して積極的に連携を図るとともに、障害児相談支援に必要な地域アセスメント（地域診断）を行うことも必要である。

障害児支援については、「障害児である前に一人の子どもである」という視点が基本である。子育て支援の枠組みでとらえつつ、子どもの発達状況に応じて、保健、医療、福祉、教育、就労などさまざまな関係者が連携して必要十分な支援を行うことが重要である。そのため、関係機関による「横のネットワーク」だけでなく、ライフステージ間に切れ目が生じない連続した「縦の支援」も、（自立支援）協議会における子ども支援部会や相談支援部会などの専門部会を設置・活用するこによって、構築することが必要である。

図9　障害児支援の基本的視点と特徴

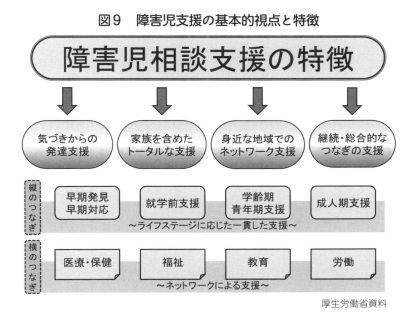

厚生労働省資料

3）ライフステージに応じた一貫した支援

　実際のサービス利用にあたっては、子どもの発達保障を前提として、本人の状態や保護者の意向に寄り添いつつ、ライフステージを見通した障害児支援利用計画づくりや関係者によるサービス等調整会議の開催、モニタリングの実施などが必要となる。とくに障害の発見時や就園・就学時、進級・進学時、卒業時などの節目において重点的な支援を行っていくことが重要である。

　障害者基本法では、「すべての国民が障害の有無によって分け隔てられることなく、相互に人格と個性を尊重し合いながら共生する社会の実現」を求めており、福祉サービスを必要とする障害児・者が個別にかつ適切な支援を受けながら、自らが望み設計した人生を送ることができる共生社会をめざしている。そのためには、いわゆる「縦のつながり」を重視し、乳幼児期から就学期、青年期そして成人期などのそれぞれのライフステージを、福祉、保健、医療、教育、就労などの関係機関が連携を図りながら、一貫した切れ目のない支援を行っていくことが重要である。

　とかく障害児支援と障害者支援とは分かれてしまいがちであるが、一人ひとりの暮らしは人生の連続性の上に成り立っていることを念頭において支援をつないでいくことが重要である。

　障害児がそれぞれのライフステージにおいて適切な支援を受け、スムーズな進学や就労において「縦と横の連携が紡がれた継続的・総合的な支援」が可能となるように、関係者がこの流れを共有できるよう可視化をしておくことが必要である（図10・11）。

図10　子どもの発達支援のイメージ

田畑寿明作成

図11　縦と横の連携の可視化例

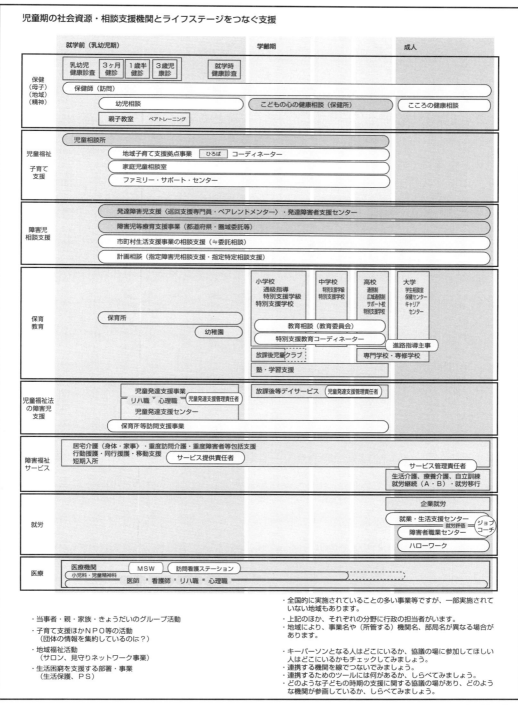

藤川雄一作成

4）家族支援

　子どもの成長発達において家族は最少かつ最初の基礎的社会集団である。このことは障害児であっても同様であり、障害児支援においては子どもの発達の基盤となる家族を含めたトータルな支援が重要となる。わが子の障害がわかったときの精神的ショックや将来に対する不安を抱える親に対し、その不安を軽減するためにも心理的なケアやカウンセリングは重要かつ不可欠な支援である。

　子どもと接する時間は、当然のことながら支援者よりも保護者のほうが長くなる。そのため、障害児の発達支援を考えた場合、保護者がわが子の障害の状態に応じた適切な関わり方を身につけ、育児場面や家庭生活で実践していくことは大変重要である。障害特性に配慮しない不適切な養育は、障害の状態や親子関係の悪化を招くことになる。不適切な養育により発生する子どもの二次障害の予防や家族関係の維持のために、家族特性に応じた適切なアプローチが求められるため、それぞれの家庭に関わる関係者が情報を共有し、最も適切な支援方法を選択する必要がある。その際、専門機関による支援とあわせて、現に障害児を育てている親同士で相談や情報交換を行う機会を充実させるなど、フォーマル・インフォーマルな資源を駆使して、障害のある子どもや「発達が気になる子ども」およびその家族を支える地域の支援体制を創る必要がある。

　わが子の障害を知った、あるいはその疑いを抱く親にとって、障害児支援の専門家から難しい専門用語を聞くことよりも、自らの身に起きた出来事に耳を傾け共感してくれる身近な存在が必要である。ペアレントメンター[1]の養成や利用援助なども地域として考えていかなければならないだろう。また、障害児にきょうだいがいる場合には、彼らへの支援も大切な家族支援の要素として考えておきたい。親が障害をもつ子どもにかかりきりになってしまえば、きょうだいは孤立感をもたざるを得ない。どの子も大切な家族の一員であるという意識をもって、親だけでなく支援者もきょうだいの育ちにまで気を配っていくことが大切である。

　近年、児童虐待の相談が増加している。育てにくさや障害理解の不十分さが虐待の要因になることは当然考慮すべきであり、家庭に介入する関係者は障害児本人や家族への支援を適切にコーディネートすることが虐待の予防にもつながることを意識するべきである。子どもから目を離せないでいる親の精神的・肉体的な負担感を軽減し、親族や隣人からの孤立を防ぎ、虐待につながるストレスをためないでいられるよう、支援をつないでいくことが重要である。そして、障害をもつわが子を、かけがえのない存在として育てていくことの喜びを享受できるよう、親のエンパワメントに向けた支援力を高めていかねばならない。

---

[1] 発達障害のある子どもを育てた経験のある親が一定の研修を受けたうえで、その経験を活かして、子どもが発達障害の診断を受けて間もない親などに対して相談や助言を行う人

5）障害児相談支援事業における「基本相談」の重要性

　平成24年度の児童福祉法改正に伴う障害児相談支援事業の登場は、児童領域で発達支援を担う者にとっては重要かつ期待された改正であった。今後の障害児発達支援はケアマネジメント手法に裏打ちされた客観性をもって推進されることが期待される。

　しかし、障害児相談支援事業は、児童福祉法に一元化された障害児通所支援の利用計画に限定されており、都道府県に実施主体が残った障害児入所支援については従来どおり児童相談所が対応し、障害者自立支援法（現・障害者総合支援法）に残った居宅介護や短期入所などの居宅サービスは障害者相談支援事業者（指定特定相談支援事業者）が担当することになっている。加えて、障害児支援にとって最も重要な「基本相談」が含まれておらず、障害のある子どもと家族への、障害確定前から始まる相談支援・発達支援・家族支援の一貫性をもった流れが障害児相談支援事業のみでは達成できないという問題がある。

　そのため、指定障害児相談支援事業の指定を受けるにあたっては指定特定相談支援事業者の指定も同時に受けることになっているが、指定特定相談支援事業者にも「基本相談」に対する給付は設定されていない。

　このままでは、障害児支援の基盤部分がなおざりにされたまま、計画作成にのみウェイトをおいた相談支援がまかり通る危険性がある。成人期の地域生活支援を中心に発展してきた現行の障害者相談支援事業とは別に、乳幼児期・児童期の相談支援に特化したケアマネジメント手法を担保する障害児相談支援事業として発展させていく必要がある。

　子どもと家族にとって必要な相談支援機能は、親の育児不安や子どもの将来への漠然とした不安などへの対応からスタートする。そのため、介護保険制度におけるケアマネジメントのように既存のサービスメニューから必要なサービスとその量を組み合わせて提供するものとは基本的に質の異なるサービスである。また、子どもや親・家族があきらかな支援ニーズをもっていても、乳幼児期にはいろいろなサービスを利用しようという意識や動機づけが弱いため、子どもや家族の状況を見ながら的確な情報を提供し、関係機関との連携、調整を行うなど個々に応じて支援方法を柔軟に変えていける専門性が求められる。

　さらに、乳幼児期のニーズは子ども自身からではなく、親・家族から発信される。親の関心は当然子どもの発達の遅れを解消する、障害を治す・軽減することに向けられる。このような状況の中で表面化する治療・訓練ニーズに隠れて親の障害受容や育児に向かう姿勢、夫婦や家族関係の葛藤や対立、障害のある子どもを産んだことへの「自責の念」など、多くの潜在的ニーズを抱えていることを念頭において支援を開始しなければならない。

　このような障害児に特化された相談支援のスタートに位置づけられる機能が「基本相談」である。

　現状では、基本相談に障害児相談支援事業に位置づけられていない。そのため、障害児支援利用計画作成に付随した付加的機能として対応するか、委託相談支援事業所などが担

う必要があるが、現状の相談支援体制では膨大な基本相談ニーズに応えることは難しい。今後は、児童発達支援センターの児童発達支援管理責任者や地域の保健センターなどとの協働体制の中で、地域全体で「基本相談」を担保する体制を構築することが必要である。

また、障害児施策にこだわらず、子ども・子育て支援施策である地域子育て支援拠点事業などの児童一般施策の利用は、親にとっても利用しやすく、かつ「相談」と「育児支援」「発達支援」を同時に提供できる事業であるため、自ら取り組むか積極的な連携をめざしたい（33頁事例参照）。

5．子どもの各ライフステージにおける相談支援の役割

1）早期相談支援

「発達が気になる」という段階を含め、出生後早い段階で障害があることが判明した子どもとその親に対して、早期から相談機関が関わることは、以後の子どもの育ちと家族の育児支援においても重要である。

障害もしくはその可能性を認知する場面は、①出産前後や乳児期にわかる場合、②1歳半健診や3歳児健診などでわかる場合、③保育所などの日常生活の場での「気づき」によりわかる場合などがあげられる。

この時期、とくに母親は他の子どもの発育とわが子を比較して不安を抱えやすいため、保健センターや保育所などの関係機関との連携により、なるべく早く親子の不安を受け止め介入できる仕組みが必要となる。親の心理的なケアを含めて、医療（産科、小児科など）、母子保健、福祉の関係者が確実に連携する体制を地域でつくっていくことが大切である。

1歳半健診や3歳児健診などにおいても、母子保健と福祉とが連携して対応していく必要がある。健診時点では疑いにとどまる場合でも確実にフォローし、必要に応じて障害児支援につないでいく体制が必要である。

わが子に対する不安を抱えた親にとって、児童発達支援センターなどの専門機関は垣根の高い場所である。そのため、保健センターや子育て支援センターなどのように親自身にとって身近で相談しやすい場所で相談にのっていくことも必要である。そして、関係者の努力によって専門機関につながった後も相談支援を打ち切るのではなく、継続した関わりをもっていくことが必要である。

親の不安や願いに寄り添った支援を、わが子を育てていこうとする親自身のエンパワメントにつなげていくためには、専門的な障害児支援関係者だけでなく、早い段階で親と身近に接している保健師や保育士などとも連携して、連続性をもって重層的に対応していくことが求められる。そのためには、市町村に設置される（自立支援）協議会の子ども部会などを活

用し、母子保健機関、子育て支援機関や児童相談所などの関係機関の積極的参加を促し、あらかじめ障害児支援に関する社会資源や支援体制に関する情報共有と資源開発、そしていかなるときにも即座に対応できる機能的な連携を強めておくことが大切である。

> **事例** 子育て支援事業を利用した障害児相談支援と
> 発達支援の試み（姫路市）
>
> 　兵庫県姫路市では、従来から市立児童発達支援センター（以下、「センター」と略す）を中心にして障害のある子どもとその周辺児に対する相談、発達支援を展開してきた。また、障害児等療育支援事業を利用して、保育所・幼稚園、保健センター、学校などに職員を派遣し、地域ネットワークによる全市的発達支援体制を築いてきた。
> 　このシステムは、保育所や健診で発達の問題を発見された子どもを円滑に発達支援にのせられる点では合理的かつ機能的である。しかし、障害を認めたくない親、漠然と子育てに悩んだり苛立ったりしている親には、もっと身近な相談場所が必要であった。
> 　そこでセンターは、平成20年度に地域子育て支援拠点事業を受託し、保健所のスペースに保育士2名を常駐させ、心理士と相談支援専門員各1名を適宜派遣する形で「『ちょっと気になる』段階からの子育て相談スペース」をつくった。乳幼児健診で子どもの遅れを指摘された親だけでなく、運動発達の遅れやことばの遅れ、排泄などの生活習慣の遅れ、落ち着きのなさやかんしゃくなど、子育てや子どもの発達に不安のある親に、時間内（月〜金、9：30〜17：00）ならいつでも予約なしに来ていただけるようにした。望まないなら名前も聞かないというオープンな受け入れを基本として、子どもには遊びや集団の場を保障しつつ、傍らで親の相談を受けた。
> 　結果、20年度には299組、21年度には220組、22年度には274組の親子が来所し、その中からそれぞれ84名、81名、90名と、実に約3分の1の子どもがセンター内の診療所の受診につながることになった。加えて、利用児の約3分の2が0〜2歳児であったことから、健診の場では障害の診断に拒否的になる親も、実は早期から「育てにくさ」に悩んでいることが判明した。
> 　定型発達児との境界が不明瞭な自閉症などの発達障害児が、相談支援や発達支援の対象として増加している現在、従来の「診断から始まる支援システム」は機能しにくくなっている。育てにくい子どもの適切な相談や育児支援をできるだけ早い時期から開始するためには、親の不安に寄り添いながら適切な時期に発達支援に移行できる「自然な形の相談支援」が求められている。そのため、親が相談しやすい児童一般施策を利用した「垣根の低い相談支援」「診断の前からの発達支援」が今後必要になってくると思われる。

2）幼児期・就学前の相談支援

　幼児期・就学前の段階では、早期の相談支援に続いて、障害児通所支援（児童発達支援）がもつ専門的発達支援の機能を活用することになれば、障害児個々の特性に応じた適切な個別支援や集団活動が保障できる。障害のある子どもや保護者にとって、将来の自立に向けた基礎づくりのために児童発達支援センター・事業を利用して専門的な発達支援を受けることは効果的である。

　しかし、同時に地域での育ちを保障するために保育所や幼稚園で地域の子どもたちと共に育つことも重要である。最近では、保育所や幼稚園などの児童一般施策においても徐々に障害児の受け入れが広がってきているが、受け入れに対して不安を感じる保育所や幼稚園に対して障害児受け入れを促していくことも重要である。この場合には、保育所等訪問支援事業を活用した保育所などへの後方支援も必要になる。このような、児童一般施策と障害児施策の協働体制のマネジメントこそが障害児相談支援事業の真骨頂である。

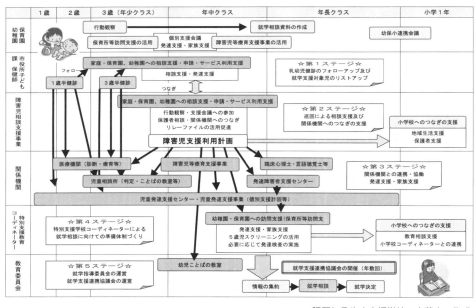

図12　早期発達支援・就学支援体制

延岡しろやま支援学校　南薗幸二作成

　従来から、都道府県・政令市・中核市の事業である「障害児等療育支援事業」によって心理士や言語聴覚士などの専門職を派遣して施設支援を展開し成果をあげてきた。平成24年度からはこうした広域支援体制に加え、市町村においても「巡回支援専門員整備事業」「保育所等訪問支援」などを実施できるようになり、これらの事業を活用して専門スタッフが保育所などに出向いて個別的な発達支援をサポートできる可能性が広がった。

障害児に対する地域の専門機関としては、児童発達支援センターだけではなく、発達障害者支援センター、児童相談所、医療機関などがあり、重要な社会資源となりうるため積極的な連携を図っていくことが必要である。また、子育て支援センターなどの地域での子育て支援の場などにも、障害児の親子や「発達が気になる」子どもが相談に訪れることが少なくないため、障害児相談支援事業が率先して連携を図る必要がある。

　幼児期では、保育所などへの就園だけでなく、その後の就学へのつなぎをスムーズに行うために、教育委員会（就学指導委員会：最近では教育支援委員会という名称に変更している場合も多い）との連携が重要となる。とくに就学前から就学時、進級・進学時、卒業時などにおいては支援のつながりが途切れる恐れがあるため、切れ目が生じないよう関係者の連携を強化し、移行を支援していかねばならない。たとえば、あらかじめ保育所などと小学校・特別支援学校あるいは児童発達支援事業所が相互に交流をもつことにより、障害児支援に関する情報共有や相互理解が進み、子どもたちの将来のために積極的な連携を図ることができる。

　この際に活用されるツールとしてリレーファイル（サポートブックなど）などがあげられる。わが子の特徴や支援情報を一つにファイルしたものを保護者が所有し、折々に更新しながらライフステージの節目で情報をつなげていく仕組みである。市町村によっては（自立支援）協議会の中で積極的に様式を作成して活用しているところもある。リレーファイルには、作成の過程で保護者の障害理解が深まり、支援者とのつながりも強くなるという効用があることも重要である。

　また、平成27年度の福祉サービス報酬改定で「関係機関連携加算」が新設され、障害児施設と学校の連携による個別支援計画の作成や就学時の連絡調整が報酬上評価されることになった。関係機関連携による移行期支援の重要性が報酬に反映された結果であり、障害児相談支援事業の立場からも積極的な活用を勧奨していきたい。

　また、こうした連携を進めていくうえでは、個人情報保護に留意し、不用意な情報漏洩が起きないよう注意が必要である。就学の段階にあってもわが子の障害を十分に受け止められていない親もいることから、情報共有に際しては十分な配慮を求められる。事業所は必要な情報交換を行うために、必ず保護者に十分な情報管理を説明したうえで同意を得ながら対応していかねばならない。

3）学齢期・青年期の相談支援

　学齢期には、当然、教育（特別支援教育）との連携が大切である。

　学齢期になると、障害児の日中活動は学校が中心となる。各学校では個別の教育支援計画を作成し、生徒一人ひとりの学校生活を支えていく。そのため、障害児相談支援事業所が作成する障害児支援利用計画やサービス提供事業所が作成する個別支援計画については、教育分野との連携が重要となる。

これについては、厚生労働省と文部科学省との連名により「児童福祉法等の改正による教育と福祉の連携の一層の推進について（平成24年4月18日　事務連絡）」（127頁参照）が発出されており、「障害児支援が適切に行われるために、学校と障害児通所支援事業所や障害児入所施設、居宅サービス事業所が緊密な連携を図り、学校などで作成する個別の教育支援計画および個別の指導計画と障害児相談支援事業所で作成する障害児支援利用計画および障害児通所支援事業所などで作成する個別支援計画が、個人情報に留意しつつ連携していくことが望ましい」とされている。学校側の理解が得られない場合には、このような文書を示しながら連携を進めていくことも必要である。

　また、この時期は放課後や夏休みなどにおける居場所の確保が大きな課題となる。放課後などの活動支援を通して、成人期の自立に向けた準備を進めることが一義的目的であるが、親の仕事と家庭の両立を支えるという観点や、親のレスパイト（一時的休息）を支援するという観点も重要な課題である。こうした課題に対しては、放課後等デイサービス事業だけでなく、市町村の地域生活支援事業として実施されている日中一時支援事業や放課後児童クラブなどの利用も検討すべきである。

図13　大人としての自立を見据えた支援

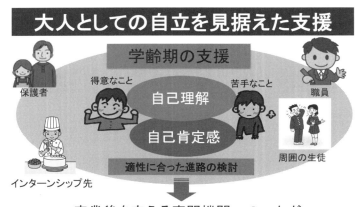

延岡しろやま支援学校　南薗幸二作成

加えて、放課後児童クラブあるいは児童館における障害児の受け入れも増加しており、地域における障害児支援力の向上のために、障害児相談支援事業が地域の実情を把握しながら、利用児に応じたコーディネートをし支援していくことも求められている。

　さらに、学校卒業後の地域生活や就労への円滑な移行に向けての適切な計画づくりも大切である。親にとっては学習面などにおけるわが子が抱える目の前の課題に目を奪われてしまうことがあるため、障害児相談支援事業所が中・長期的なイメージを示していくことも、親の子育てを支えるうえで効果的である。障害を理由とした否定的な選択ではなく、子どもの将来に向けて、学校在学中から卒業後の地域生活や就労を見据えた体験のために就労移行支援事業などの福祉サービスを体験利用するなど、さまざまな可能性を提案してくことも大切である。

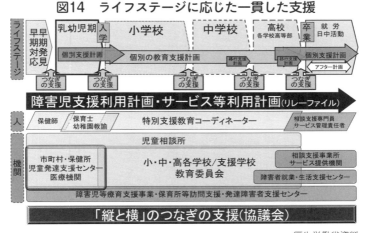

図14　ライフステージに応じた一貫した支援

厚生労働省資料

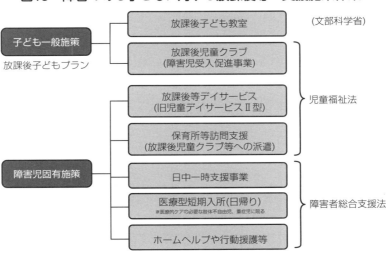

図15　障害のある子どもに対する放課後等の支援施策体系

※そのほか自治体独自の障害児学童クラブ等の事業もある。

表2　放課後等デイと放課後支援諸制度の比較

事業名	放課後等デイ	放課後児童クラブ	放課後子ども教室	日中一時支援
法的位置づけ	児童福祉法第6条の2第4項	児童福祉法第6条の3第2項「放課後児童健全育成事業」	放課後子どもプラン推進事業（文部科学省管轄）	障害者総合支援法の第77条「地域生活支援事業」
目的	放課後または休業日に、生活能力の向上のために必要な訓練を行い、社会との交流を図ることができるよう、障害児の身体および精神の状況並びにそのおかれている環境に応じて適切かつ効果的な指導および訓練を行う	①放課後の時間帯において子どもに適切な遊びおよび生活の場を提供し、②子どもの「遊び」および「生活」を支援することを通して、その子どもの健全育成を図る	安心・安全な子どもの活動拠点（居場所）を設け、地域の方々の参画を得て、子どもたちとともに勉強やスポーツ・文化活動、地域住民との交流活動等の取り組みを推進する	障害者等の日中における活動の場を確保し、障害者等の家族の就労支援および障害者等を日常的に介護している家族の一時的な休息を目的とする
対象	学校教育法第1条に規定する学校（幼稚園および大学を除く）に就学している障害児。満20歳に達するまで延長可能。※学年制限なし ※保育に欠ける条件なし	保護者の労働等により昼間家庭にいない小学1～3年生の児童、その他健全育成上指導を要する児童（障害児等）	すべての子ども（おもに小学生）	障害児を含む障害者
規模	10名以上 ※集団規模、定員上限なし	最大70名まで。集団としては40名程度まで	小学校区 ※特別支援学校単位も可能	とくに規定なし
開所時間	とくに制限なし ※休業日の4時間未満開所に対する報酬の減算あり	地域事情や保護者の就労時間等を考慮。休業日は8時間以上。250日以上	とくに制限なし（放課後、週末等）	とくに規定なし
設備	指導訓練室のほか、指定放課後等デイの提供に必要な設備および備品等を設ける。指導訓練室は、訓練に必要な機械器具等を備える	①児童のための専用スペースを設け、生活の場としての機能の確保、②児童1人あたり概ね1.65㎡以上。静養スペースの確保、③衛生および安全が確保、④事業に必要な設備・備品	小学校の空き教室、校庭、体育館等を活用。活動が円滑に速やかに実施できるよう配慮する	とくに規定なし
職員	①指導員または保育士（10:2。定員10名を超えて5またはその端数を増すごとに1人以上追加）、②児童発達支援管理責任者1名以上、③その他必要な職員（PT等）	放課後児童支援員（保育士・社会福祉士等（「児童の遊びを指導する者」の資格を基本）であって、都道府県知事が行う研修を修了した者）人数：支援の単位（児童概ね40人以下）ごとに2人以上	①コーディネーター、②安全監理員、③学習アドバイザー ③各市町村に運営委員会を設置	市町村が適切にできると判断
活動	具体的メニューとしては、①入浴等の介護の提供、②自立した日常生活を営むために必要な訓練（療育、自立訓練、機能訓練等）、③創作的活動や作業活動（プレワーキング等）、④地域交流の機会の提供（地域の社会資源を活用）、⑤余暇の提供、⑥同じような障害のある仲間との交流等が考えられる	①健康管理、安全の確保、情緒の安定を図る、②遊びを通しての自主性、社会性、創造性を培う、③宿題・自習等の学習活動を自主的に行える環境を整え、必要な援助を行う、④基本的生活習慣についての援助、自立に向けた手助け、その力を身につけさせる、⑤家庭や地域での遊びの環境づくりへの支援を行うこと、⑥児童虐待の早期発見と早期介入のための連携・対応を図ることなど	①放課後や週末等における地域の子どもたちの安全・安心な活動拠点の確保、②地域の多様な大人の参画を得て、子どもたちにさまざまな体験・交流・学習活動の提供、③これらの活動を通して、子どもの社会性、自主性、創造性等の豊かな人間性の涵養、④地域の子どもたちと大人の積極的な参画・交流による地域コミュニティの充実、⑤その他、地域で安心して健やかに育まれる地域づくりを推進する活動	①日中、障害福祉サービス事業所、障害者支援施設、学校の空き教室等において、障害者等に活動の場を提供し、見守り、社会に適応するための日常的な訓練その他市町村が認めた支援、②送迎サービスその他適切な支援を市町村の判断により行う、③事業は、地域のニーズに応じて行う
連携	学校との連携・協働（一貫した支援の確保、補完的支援の実施）。家庭との連携（加算あり）	保護者との連携支援、学校との連携、保育所・幼稚園、関係機関との連携。ボランティアの受入れ促進等	市町村は、域内の放課後対策事業（放課後児童クラブを含む）の運営方法等を検討する運営会議を開催。PTA、教育・福祉関係者、地域住民等	とくに規定なし
その他		特別な配慮が必要な障害のある児童の受入、研修に努めることなど		本事業を提供時間中は、他の障害福祉サービスを利用できない
運営費等	個別給付（義務的経費）	運営費補助（特別会計子ども・子育て支援勘定）	運営費補助	個別給付（裁量的経費）
利用料等	利用料：応能負担（1割、上限あり）材料費等実費負担あり	利用料：概ね運営費の半額 材料費等実費負担あり	利用料：原則無料 材料費等実費負担あり	利用料：市町村による 材料費等実費負担あり

6．身近な相談窓口としての役割

　障害児支援は、平成24年4月の改正法施行により大きく変わった。とりわけ、障害児支援利用計画に基づく支援は、障害児支援においてははじめての経験であるため、まだ障害児支援における相談支援の重要性が十分に認識されているとは言い難い状況がある。

　しかしながら、たとえば体調が悪いときなどに身近なホームドクターがいれば安心できるように、または、借金や生活上のトラブルで困ったときに顧問弁護士がいれば安心できるように、あるいは、海外旅行に行った際に添乗員や通訳がいれば安心できるように、子育てやわが子の障害について悩み、困ったときにはいつでも身近に相談できるホームコーディネーター（相談支援専門員）がいてくれるなら、親や家族は不安が軽くなり安心感をもてるのではないだろうか。

　すべてのライフステージを通して、いつでも身近に「相談できる人がいる」、あるいは「相談できる場所がある」という生活スタイルの提供は、障害をもつ子を産み育てる場合にも、親や子が安心して暮らせるための大切な地域づくりの要素である。まさにこの役割こそが、障害児相談支援に期待されるところである。

　障害児相談支援事業は平成24年4月から開始されているが、本格的に普及したのは例外なく全員が対象となった平成27年4月からである。障害児支援利用計画の作成は、親だけでなく市町村やサービス提供事業所にさえ、まだ慣れない経験である。そのため、現在は一つひとつの実践の積み重ねで新たな障害児相談支援のスタイルの確立に努め、障害があっても安心して暮らせる共生社会の実現を模索していく時期であろう。

図16　つなぎの支援の重要性

田畑寿明作成

7. 相談支援専門員＝まちづくりを担うソーシャルワーカーとしての役割

　障害児・者の相談支援は、図17に示すような個別支援と地域づくりの両輪によって行われるものであり、ソーシャルワークの本質を求められる事業である。

　障害児相談支援を通じ、子どもや家族が抱える困難さや課題を解決していくプロセスは、その子が成人となった後も安心して暮らせる社会の仕組みを生み出すプロセスであり、将来誕生する子どもたちが障害のある・なしにかかわらず安心して暮らせる共生社会を創成していく重要なプロセスでもある。

　相談支援専門員は、まさしくソーシャルワーカーとしての役割を期待されており、個別支援と地域づくりの両輪を担いながら、今後の共生社会の実現に向けて重要な役割を果たすことになる。

　また、このような地域づくりにおいて、発達支援や家族支援のノウハウを培った児童発達支援センターは、地域の中核的な発達支援機関として相談支援や保育所等訪問支援などの地域支援機能を担っていくべきである（図18）。

図17　ソーシャルワークのイメージ

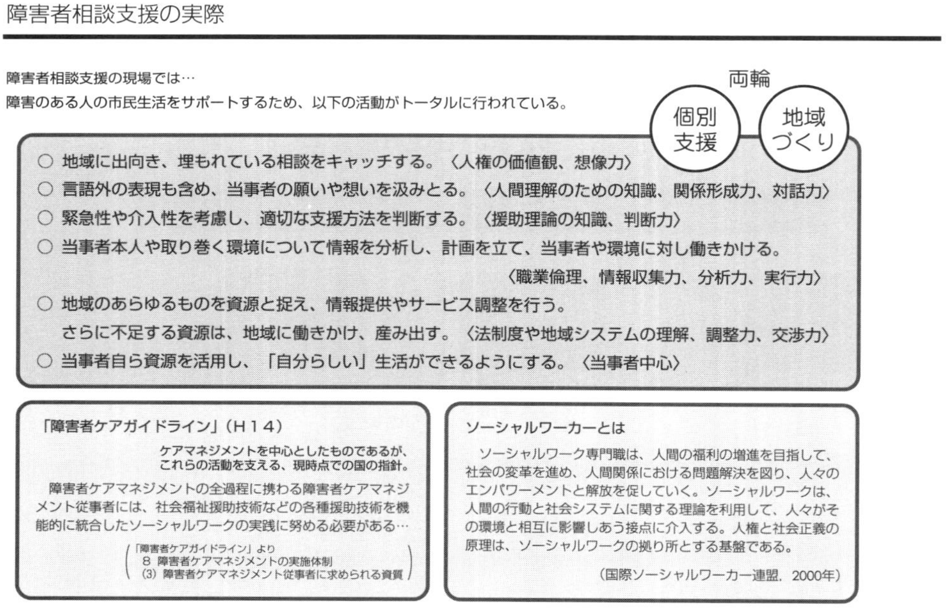

障害者相談支援の実際

障害者相談支援の現場では…
障害のある人の市民生活をサポートするため、以下の活動がトータルに行われている。

両輪：個別支援／地域づくり

○ 地域に出向き、埋もれている相談をキャッチする。〈人権の価値観、想像力〉
○ 言語外の表現も含め、当事者の願いや想いを汲みとる。〈人間理解のための知識、関係形成力、対話力〉
○ 緊急性や介入性を考慮し、適切な支援方法を判断する。〈援助理論の知識、判断力〉
○ 当事者本人や取り巻く環境について情報を分析し、計画を立て、当事者や環境に対し働きかける。〈職業倫理、情報収集力、分析力、実行力〉
○ 地域のあらゆるものを資源と捉え、情報提供やサービス調整を行う。さらに不足する資源は、地域に働きかけ、産み出す。〈法制度や地域システムの理解、調整力、交渉力〉
○ 当事者自ら資源を活用し、「自分らしい」生活ができるようにする。〈当事者中心〉

「障害者ケアガイドライン」（H14）
ケアマネジメントを中心としたものであるが、これらの活動を支える、現時点での国の指針。
障害者ケアマネジメントの全過程に携わる障害者ケアマネジメント従事者には、社会福祉援助技術などの各種援助技術を機能的に統合したソーシャルワークの実践に努める必要がある…
「障害者ケアガイドライン」より
8　障害者ケアマネジメントの実施体制
（3）障害者ケアマネジメント従事者に求められる資質

ソーシャルワーカーとは
ソーシャルワーク専門職は、人間の福利の増進を目指して、社会の変革を進め、人間関係における問題解決を図り、人々のエンパワーメントと解放を促していく。ソーシャルワークは、人間の行動と社会システムに関する理論を利用して、人々がその環境と相互に影響しあう接点に介入する。人権と社会正義の原理は、ソーシャルワークの拠り所とする基盤である。
（国際ソーシャルワーカー連盟、2000年）

埼玉県相談支援専門員協会
「相談支援従事者人材育成ビジョン」p.4を加筆修正

図18 児童発達支援センターを中心とした障害児支援体制

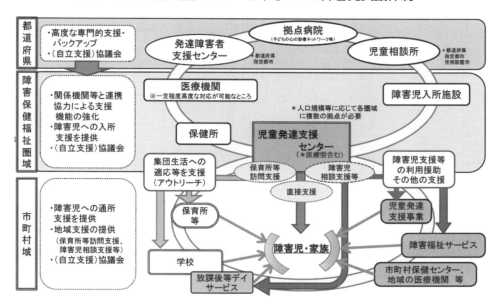

厚生労働省資料

8．子ども・子育て支援制度との関係
～「障害児支援の在り方に関する検討委員会」報告書から～

1）子ども・子育て支援制度

　平成27年4月から子ども・子育て支援制度がスタートした。同制度が創設される過程で、障害児への対応が議論となり、障害児支援の充実や障害児固有のサービスとの連携の重要性も記載されることになった。それに伴い、障害児支援と子ども・子育て支援制度との間の整合性の確保や協力による発展のために、新たに創設された利用者支援専門員と相談支援専門員との間の連携強化が求められることとなった[2]。

　障害児支援は子ども・子育て支援制度の直接対象とはされていないが、子ども・子育て支援法に基づく基本指針には、市町村子ども・子育て支援事業計画や都道府県子ども・子育て支援事業支援計画に記載すべき内容として、①子ども・子育て支援における利用者支援と障害児相談支援との連携の強化、②障害児支援に固有の専門的支援の強化、③保育所等訪問支援による地域生活支援の強化、④障害児入所施設の小規模化・地域化・専門機能強化の4項目があげられている。

　また、障害者総合支援法に基づく基本指針には、都道府県、市町村が策定する第4期障害福祉計画（平成27～29年度）における記載事項の中に、障害児支援のための計画的な

---

[2]　資料：障害児支援と子育て支援施策との緊密な連携について（平成26年5月10日 内閣府子ども・子育て支援新制度施行準備室）http://www8.cao.go.jp/shoushi/shinseido/administer/setsumeikai/…/pdf/s11.pdf

基盤整備として、①児童発達支援センターおよび障害児入所施設を中核とした地域支援体制の整備、②子育て支援にかかる施策との連携、③教育との連携④特別な支援が必要な障害児に対する支援体制の整備、⑤障害児通所支援および障害児入所支援の一体的な方針策定の5点があげられている。

2）「障害児支援の在り方に関する検討委員会」報告書

　平成26年7月16日、同年1月から10回にわたって開催された「障害児支援の在り方に関する検討会」の報告書が公表された。この報告書は、平成20年7月の「障害児支援の見直しに関する検討会」の報告をベースに、その後の動向をふまえた検討を行い、平成24年度改正児童福祉法による新規事業などの円滑な推進を求めるとともに、今後の改革の方向性を提示している。

　今後の方向性として、①障害児の地域社会への参加・包容（インクルージョン）の推進と合理的配慮、②障害児の地域社会への参加・包容を子育て支援において推進するための後方支援としての専門的役割の発揮、③障害児本人の最善の利益の保障、④ライフステージに応じて切れ目のない支援と各段階に応じた関係者の連携（縦横連携）の充実、⑤早い段階からの保護者支援・家族支援の充実の5点である。示された今後の方向性は、「ソーシャルインクルージョン」「縦横連携」「後方支援」という3つのキーワードにまとめることができる。

　今後の障害児支援が進むべき方向（提言）として、①地域における「縦横連携」を進めるための体制づくり、②「縦横連携」によるライフステージごとの個別の支援の充実、③継続的な医療支援が必要な障害児のための医療・福祉の連携、④家族支援の充実、⑤個別サービスの質のさらなる確保の5分野にわたり、20の提言が示されている。

　最後に、子ども・子育て支援と障害児支援の計画的進展のための連携の必要性が述べられている。障害のある子どもは、障害のない子どもと同様に児童一般施策で守られたうえに、障害固有のニーズに対して障害施策で支援される必要があるとされ、児童一般施策への後方支援機能としての障害児施設の立場が強調された。

　提言は、障害児支援の今後の方向性を示したものであり、今後の実質的な議論の継続を求めている。とくに児童発達支援センターを中心とした「障害児等療育支援事業」「保育所等訪問支援」などを活用した重層的な障害児支援体制の確立には、身近な地域で活動する「障害児相談支援」がそのつなぎ役として活躍することが期待されている。

図19 子ども・子育て支援制度と障害児支援との関連

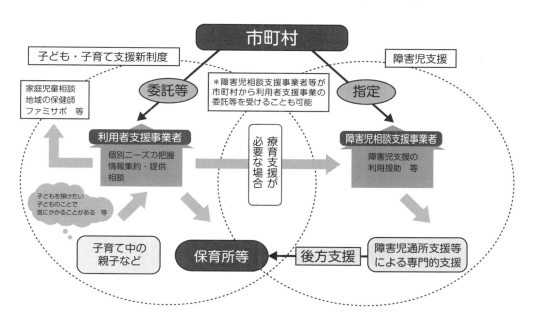

図20 障害児支援の考え方

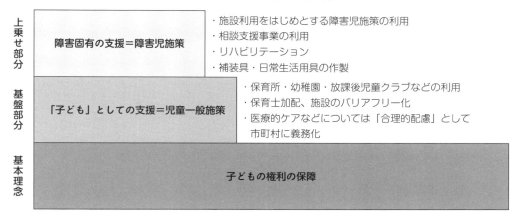

第3章

事業の進め方と
その視点

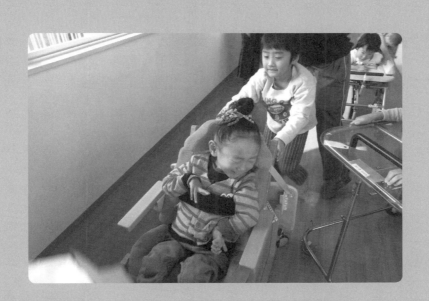

1．障害児支援利用計画作成における基本プロセス

　一般的に、障害者相談支援の実施にあたっては、相談の受付からサービス等利用計画の作成とその実施の過程で、主に次の①〜⑨に至る基本プロセスを経ることとなる。① 相談の受付、② アセスメント、③ サービス等利用計画案の作成、④ 支給決定、⑤ サービス担当者会議、⑥ サービス等利用計画の作成【サービス提供事業所との利用契約（利用開始）】、⑦ モニタリング、⑧ サービス担当者会議、⑨ サービス等利用計画の変更（【　】内は、サービス提供事業所による支援）。

　障害児相談支援についても同様のプロセスで進められるべきであり（図21）、障害者相談支援同様にサービス提供事業所や関係機関との連携のなかで事業を実施していくことになる。

　障害者相談支援の目的は、障害者自身の障害があることによる生活上の課題に対して、本人の希望や将来の目標に向けて必要となる障害福祉サービスをコーディネートし、生活の安心や質の向上を促し、社会参加を進めることにある。

　一方、障害児の相談支援は、子ども本人だけでなく親や家族も対象とする必要があり、とくに親に対してはわが子の発達に不安を覚える段階からの支援となるため、相談に入る前の信頼関係の構築という繊細なアプローチが必要となる。

　また、ライフステージをまたぐ継続した「縦」の支援が必要な点でも、成人期の相談支援と異なったアプローチが必要である。つまり、乳幼児期における保育所や児童発達支援事業などの利用、学齢期における教育機関との連携、小学校・中学校・高校への入学や卒業、成人期へ向けた就労支援や福祉サービス利用など、成人期支援と比べて子どもへの支援は

図21　障害児支援利用計画から個別支援計画へ

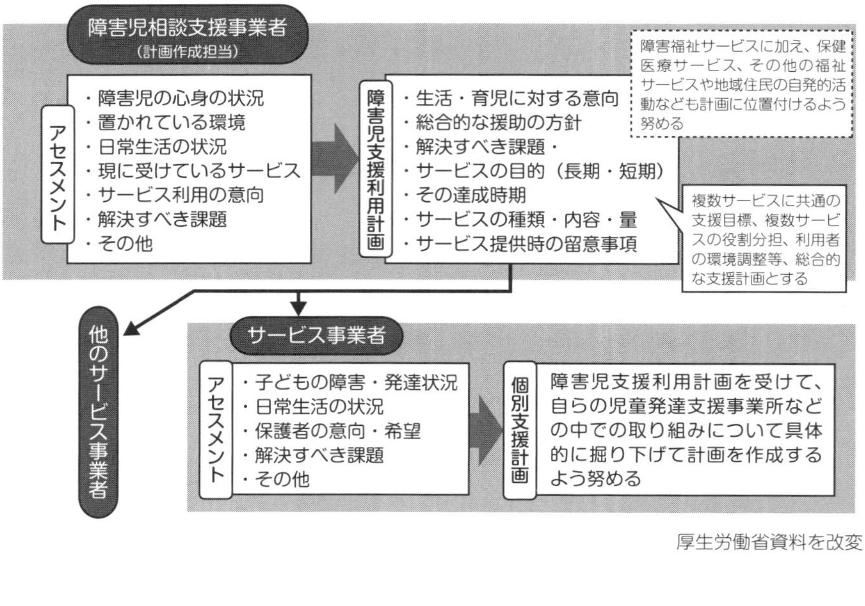

厚生労働省資料を改変

短期間でライフステージが移りニーズも変化していく。そのため相談支援専門員には、各ライフステージに関わるさまざまな関係機関や事業所などの情報に精通し、適切なタイミングで支援ができるよう、さまざまな性格をもつ機関との有機的な連携を構築できる能力が求められる。

障害児相談支援が子どもの発達を支え、子育てをする家族を支えるための重要な窓口であると考えたとき、そこに携わる相談支援専門員に期待される役割は障害児者福祉サービスを組み合わせることだけではなく、生活や成長を見通したトータルコーディネートである。そのなかにあって、支援の全体像を示す障害児支援利用計画の役割は、関係者が支援の目標を共有するうえで大きな意味をもつことから、計画作成に至るプロセスは重要であり、計画は質の高いものであることが期待される。

しかし、これまで実施されてきた実態調査やヒアリング調査からは、多くの地域において障害児相談支援に携わる人材の不足や育成の課題があり、障害児相談支援に携わることへの不安を相談支援専門員が抱えていることが垣間見える。

そのため、本章では障害児相談支援のプロセスに準拠し、各段階において実際の支援現場で行われている内容を「支援の内容」とし、各段階での留意点を「気をつけること」として整理して、とりわけ障害児相談支援における特徴を今後の支援でイメージできるようにまとめて継時的に表にした（表3）。

また、現在厚生労働省などから示されている相談支援のプロセスにおいては、支給決定後に「サービス担当者会議」を開催することになっているが、児童期におけるニーズは子どもの成長発達や家族環境の変化に加え、保育園などへの就園や小学校への就学、中学校や高等学校への進学、卒業後の就労や地域生活支援など、短期間で大きく変化していくため、ここでは図22に示すとおり、障害児支援利用計画案を作成する際に、あらかじめ資源アセスメントの一環として「事前担当者会議等[3]」を開催し、地域の関係者全体でアセスメントを行う仕組みを提案した。

相談支援専門員は、事前担当者会議等を開催することにより、サービス提供事業所の児童発達支援管理責任者や障害児等療育支援事業の担当者、保健師、保育士、学校の特別支援教育コーディネーターや担任教諭などの関係者との情報交換や意見交換が可能になる。その結果、それぞれが有する子どもや家族の情報とニーズ、またサービス提供事業所の事業内容や受け入れ状況などを確認したうえで、子どもや家族にとってより適切な障害児支援利用計画案を作成することができるようになる。

加えて、従来の仕組みでは、サービス利用申請から実際の利用開始までの間にさまざまなプロセスを経るため、今すぐにでもサービス利用を希望する家族でも1〜2か月程度は

3）本来であれば関係機関が集まって会議をするべきとされているが、子どもの状態や保護者の不安の強さによっては早期に対応することも必要となるため、電話連絡やメールなどを活用する、あるいは、関係者の日程調整に時間がかかる場合やまったく調整できないような場合には、相談支援専門員自身が直接関係機関に出向くことで会議の開催と同等の情報共有や調整を行うことも必要である。適切かつ速やかに対応できるように、従来求められている事前担当者会議を拡大して実施する会議を「事前担当者会議等」と記載する。

待たなければならない状況が生じていた。今回示すシステムを導入すれば、こうしたタイムラグを少しでも減らす効果が期待できる。また、会議を通して地域にある事業所などの実情を日ごろから把握できていれば、計画案作成のためによりスムーズな検討の機会になることも考えられる。

　各種の会議や連絡調整が単なる「時間と手間のかかる会議」に終わることなく、地域のネットワークを強化し、障害児とその家族の地域支援のために有効に機能することを期待したい。

図22　担当者間の連絡調整会議を重視した計画相談の提案

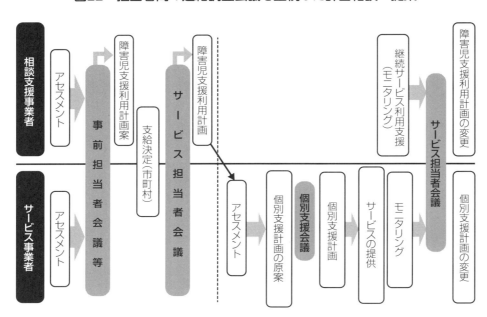

表3 支援プロセスの内容と留意点

支援プロセス	支援の内容	気をつけること
① 相談の受付	●サービス利用には障害児支援利用計画が必要であると行政窓口で説明を受け、言われるがままに相談支援事業所を訪れる家族もいる。この場合、抱えている問題についてうまく説明できずに要領を得ないこともあるため、傾聴の姿勢をもって家族の不安を十分に考慮した聴き取りを心がける。 ●サービス利用に向けた手順や障害児支援利用計画の必要性を説明し、障害児相談支援事業所としての方針などを、重要事項説明書をもとに家族へ伝える。この際、子ども自身にも伝わるようであれば、一緒に説明することも重要である。 ●重要事項説明書などの説明を受け、当該事業所での障害児支援利用計画作成に同意した場合は、契約書を締結する。契約書の締結をしたあとに具体的なアセスメントを開始することとなる。 ●相談支援事業所を訪れるまでの間に、すでにいくつかの関係機関が関わっていることも考えられる。この場合は、個別支援計画などで具体的な今後の方針を用意していることもあるため、その内容にも配慮をして家族との面談を行う。 ●障害児相談支援事業所では、普段から保健師、児童相談所、児童発達支援センター、家庭児童相談員、幼稚園・保育所など、乳幼児期から関わる関係機関のスタッフと連携を図り、情報の共有に努める。	●家族の誰もが、福祉関係者への相談に慣れているわけではない。家族の困りごとにていねいに寄り添う態度（傾聴の姿勢）をもつことが重要である。 ●受給者証の発行を目的とするのではなく、家族に生じたさまざまな不安を少しでも受け止め、関係機関やサービス提供事業所のスタッフに向けて、家族の願いを要領よく代弁していく仕事と考えていく必要がある。 ●不安を抱えながらさまざまな機関を訪ねることで、疲弊してしまう家族があることも児童期の特徴である。相談支援専門員は、家族が抱えるストレスにも注目し、その軽減に努めることも重視したい。
② アセスメント	●漠然とした将来への不安から、何かをしなくてはと考え、他の保護者から得た情報に基づき、焦ってサービスの利用を考える家族もある。この場合、まず家族の気持ちを受け止めながら、主訴などを整理していく。 ●子どもの1日の様子は、起床から就寝するまでの一日のリズムとして生活がイメージできるように家族からの聞き取りを行う。そのため、「衣服の着脱」「排泄」「食事」「入浴」「睡眠」「移動手段と状態」「姿勢」「関心のあるあそび」「挨拶」「要求の手段」「不快を示す手段」といった項目ごとに聞き取りを行い、子どもの1週間あるいは1か月の生活環境をイメージしていく。 ●すでに子どもと関わりがある専門職や機関がある場合は、そこでの様子、興味や関心、また家族の希望などの情報収集に努め、支援の連続性を維持できるよう整理をしていく。 ●相談受付で得た情報や関係者からの情報、子どもの状態像を総合し、その主訴について、誰が困っているのか、誰が何に不安を感じるのか、どのような支援を受けてきたのかなどていねいに確認していく。 ●保護者の願いがどのような気持ちや背景から生じたものであるか、できるだけ複数のスタッフで多面的に検討していく。その際、子どもの生育歴だけでなく、家族の育児歴を背景にしたニーズが有ることにも注意を払っていく。 ●利用が想定される事業所に空きがあるか、支援内容がこの子どもに適しているかなどの資源アセスメントを行う。	●訴えについては、誰がそう思ったのかを、失礼のないように確認していく。また、何も困っていないが、勧められるまま相談支援事業所を訪れる場合もあるので、受付時に出てきた訴えに対し、すぐさま方針を導き出さず、ゆっくりと一緒に考えていきたいことを伝える。 ●障害の有無については、とくに子どもが小さいうちは明確な線引きができないため、家族が子どもの特性を冷静に受け止めていくには時間がかかる。専門機関で診断を受けることで、家族が納得できることもあれば、反面子どもの障害の改善や治療を望むあまり、結果として家族が混乱し不安定になることもある。そのため、子どもの現状をていねいに把握し、発達の目標を整理することが重要となる。 ●相談支援専門員は、子どもの生活の全体像をおおまかにとらえていくことを、その役割として優先する。 ●子どもが不安になる要素、苦手な刺激、緊張しやすい状況などは、その後、課題となる行動が子どもに生じた場合、対応方針を検討する重要な情報となるため、意識的に聞き取る。 ●児童期の場合、支援を必要とする主体は子ども自身だけでなく家族も含まれる。そのため、常にその主体をしっかりと意識した課題の整理が必要である。 ●学齢期以降は学業の習熟度といった、学習評価に注意が行きがちであるが、客観的な発達評価と合わせ、同年代の子どもたちの生活や対人コミュニケーションといった社会性の視点から、子どもが抱える困り感を評価することが重要である。
【提案】事前担当者会議等 《関係機関との情報の共有および、ケアマネジメント》	●児童期は、福祉だけでなく保健・医療・教育・労働など関わりをもつ機関や事業が多岐にわたる。障害児支援利用計画案を作成する前に各関係機関の評価や方針、また役割を確認しておく。 ●子どもの場合、ライフステージが短い周期で変化していく。支援のタイミングを逃さないためにも、障害児支援利用計画案の提出から支給決定およびサービス利用までが円滑に進むよう、各機関の評価や方針を十分に調整する機会が必要であり、「事前連絡会議等」を設けることは大きな意味をもつ。 ●「事前連絡会議等」では、アセスメントによって得られた子どもの状態や家族の希望を相談支援専門員が示し、あわせておおよその支援方針案をもって話し合うこととなる。	●各機関や専門職が連携をもたずに個別に関わっていると、障害児支援利用計画案の作成時に意見や方針が一致せず、結果として子どもや家族の不安や混乱が生じるため、事前の方針確認や情報共有が必要となる。 ●相談支援専門員が作成した障害児支援利用計画案が、いかに子どもや家族のアセスメントに基づくものであっても、支援者間での事前調整なしに支援を進めていくとトラブルに発展することがある。こうしたトラブルは、結果として子どもや家族にとって不利益となるため、支援者間の関係づくりは重要となる。

③ 障害児支援利用計画案の作成	●障害児支援利用計画案の作成に当たっては、アセスメントや事前の担当者会議で共有した方針を適切に盛り込み、地域全体で関係機関などの担当者が一致して支えていくための目標を明確にして作成していく。 ●各機関の意見を反映しながら支援方針の修正と役割分担の調整をし、計画案を作成する。	●子どもの発達支援や家族のエンパワメントに向けた支援、子どもの成長した姿や家族にとっての安心できる暮らしがイメージできる支援を盛り込み、子育てに対する意欲を高める計画づくりに向けた工夫が必要である。 ●「事業所に空きがあるから利用する」という理由ではなく、その事業所の支援内容がこの子どもの発達支援に効果的であるという視点から調整をすることが重要である。 ●既存の公的福祉サービスの調整だけでなく、身近なインフォーマルな社会資源も取り入れた地域とのつながりを重視した計画づくりが重要である。
	●障害児支援利用計画案の場合、その内容を説明し同意を得る相手は家族（保護者）に、内容を承諾のうえ同意を得る。	●目標設定にあたっては、後に評価できる設定づくりをし、支援者や家族あるいは子ども自身が、その成長を実感できるようにしたい。 ●サービスの利用が、レスパイト（一時的な家族の休息）目的の場合、そのニーズの背景を確認したうえで必要な期間や日数などを判断する。また、状況によってはモニタリング期間を短期にし、家庭の状況に応じた適切な見直しを行うとよい。
	●作成された障害児支援利用計画案は、支給決定を行う市町村へ提出する。	●市町村担当者は、支給決定までに直接子どもに接する機会を待たないこともある。そのため、計画案だけでなく基本様式における「基本情報」「現在の生活」などについても、判断に足る十分な情報を記入するように努める。
④ 支給決定	●市町村は、提出された障害児支援利用計画案などを参考に支給決定を行う。 ●支給決定の事実を把握したら、相談支援専門員は正式な障害児支援利用計画の作成に取りかかる。	●市町村から計画内容の根拠について説明を求められることがあるので、十分に説明ができるようにしておく必要がある。 ●市町村によっては、決定通知を家族へ郵送しているため、相談支援事業所による支給決定の把握が遅れることがある。市町村から相談支援事業所への支給決定についての通知ルールを取り決めておく必要がある。
⑤ サービス担当者会議	●支給決定後、実際のサービス提供事業所に、障害児支援利用計画案を提示しながら支給決定内容を確認し、各事業所が提供するサービスの目的や内容、時間・曜日などを具体的に調整する。 ●支給決定の内容が障害児支援利用計画案と大きく異なる場合、相談支援専門員は支給決定内容が変更となった背景をふまえ、あらためて実施可能な計画の作成に向けて調整を行う。	●計画案どおりに支給決定が行われた場合、ここでの会議は、大部分が確認作業で済むことになる。 ●計画案と支給決定が大きく異なる場合は、社会資源不足やサービスの利用基準などの地域課題が背景にあることも考えられる。問題解決や社会資源開発に向けて、（自立支援）協議会で事例を取り上げてもらうことも、ここで検討する。
⑥ 障害児支援利用計画の作成	●サービス担当者会議で確認、検討した内容に基づき障害児支援利用計画を作成する。 ●障害児支援利用計画の内容を家族に説明し、同意を得たうえで署名捺印をもらい、計画書を家族に交付する。 ●家族に交付した計画を市町村へ提出する。 ●障害児支援利用計画の作成にかかる障害児相談支援給付費を国保連へ請求する。 ●国保連から障害児相談支援給付費を受領した際、家族に対し代理受領の通知を作成し交付する。 ●作成された障害児支援利用計画については、各サービス提供事業所の児童発達支援管理責任者にも写しを交付し、方針を共有しておく。	●家族の心情を考慮して「障害児」という表記は、なるべく避けるほうがよい。
⑦ モニタリング	●計画の見直しに関しては、子どもが利用している事業所の個別支援計画を意識しながら行う。家族の承諾と、関係機関の理解をていねいに求めながら、できるだけ実際の支援の場面に赴き、計画の達成状況についてアセスメントを実施する。 ●アセスメントに際しては、子どもの「発達支援」、保護者やきょうだいなどへの「家族支援」、子どもや家族と地域住民や社会資源とのつながりをとらえる「地域支援」の視点をもちながら評価をしていく。	●モニタリングは、相談支援の要である。電話一本で事業所に確認したり、事業所から個別支援計画の評価を取り寄せたりするだけで済ましてはならない。 ●目標が未達成であった場合、子どもや家族に課題があると評価しがちであるが、相談支援専門員が作成した計画がニーズに沿っていなかった可能性も考えるべきである。そのためには、支援現場で子どもの様子を確認したり、家族と直接の面談をもったりすることで評価に必要な情報を得ることが重要である。

	●子どもの「発達支援」については、支援の方向性や達成目標などを、事業所、幼稚園、保育所、学校との間で一致できているかどうか再評価する。 ●「家族支援」については、父親の養育参加状況、きょうだいの成長（年齢やライフステージにおける変化）、きょうだいが通う保育園や学校での親の役割、当該児が利用する福祉サービス事業所などでの親同士のつながり、母親の近所づき合いの状況、親族（祖父母など）との関係についても、家族の成長や変化という視点から必要な情報を収集し、より前向きに子どもと関わっていけるように、家族に応じた支援目標を考えていく。 ●「地域支援」の視点からは、子どもの地域での育ち、地域で過ごす場づくり、子どもや家族と地域との接点あるいは地域における役割などについて、計画の進捗と合わせて実情を再確認し、新たな社会資源の活用なども考えながら評価をしていく。 ●アセスメントによって得られた内容を念頭において、計画の実施状況や達成度を評価し、新たに得られた情報などもふまえて、サービス担当者会議の開催に向けて新たな目標や検討課題あるいは役割分担のための資料をまとめていく。	●評価に際し、支援の「満足度」を評価する場合には、家族の満足度だけでなく、子どもの気持ちを思い図れるよう心がける。 ●家族支援については、不得手とするサービス提供事業所も少なくない。時には事業所と家族との関係がギクシャクしている事例も見られるため、必要に応じて相談支援専門員が双方の見解を確認し調整することも必要となる。 ●家族の承諾を得ながら、障害児支援利用計画と各事業所が作成する個別支援計画を共有し、常によりよい支援の方向性を検討し合える関係づくりを日頃から心がけるようにする。 ●児童期の場合、比較的短期間で環境が大きく変わる可能性が高いため、当初のモニタリング期間にこだわらずに、再評価をしていくことが必要である。
⑧サービス担当者会議	●計画書に基づく支援目標を達成したかどうかの結論は、相談支援専門員が会議を進行し、各事業所のモニタリングの内容をふまえて各サービス担当者と共に評価・判断していく。 ●相談支援専門員は会議に際し、次のことに注意を払って進行をする。 （1）会議で支援内容を評価する際、モニタリング用の提出書類の様式にとらわれない。 （2）できないことばかりに目が奪われ過ぎていないか。 （3）子どもに関する基本情報は、最新の内容で適切に整理されているか。 （4）子どもの生活全体をとらえる視点をもっているか。 （5）支援のプロセスはきちんと踏んでいるか。 （6）大人（家族や支援者）の目線だけで支援が進んでいないか。 ●家族にとって知られたくないような固有の情報も取り扱うことから、支援に不必要な情報まで共有されていないか配慮する必要がある。相談支援専門員は家族情報の精査をし、関係者に対し今現在必要な情報の整理と守秘義務の徹底を伝えていく。	●個別支援計画と障害児支援利用計画は常に連動していくことが大切である。しかしながら、事業所によってはその関係を「主従」の関係と誤解していることもある。連動していくとは、ともに「尊重していく」関係であり、協調関係を保つために互いの役割を伝えていくことも相談支援専門員の役割となる。 ●複数の事業所を利用する場合、利用頻度や時間などについて意見がわかれることもある。そのため、各事業所がもつ支援の特徴を十分に把握したうえで、相談支援専門員が調整することも必要である。その際には再評価のタイミングを調整しながら子どもにとって最もよい選択についてあらためて判断することが重要である。 ●子どもの状態や生活が安定してくると、計画の見直しが利用中のサービスの踏襲で終わってしまうことがある。安定している時期だからこそ、子どもや家族の意向もふまえながら計画を調整することで、子どもの可能性を見出し子どもの気持ちにもつながることになる。
⑨障害児支援利用計画の変更	●モニタリングにより計画の進捗確認および評価の結果から、障害児利用支援計画の内容を変更する。 ●変更された計画内容を家族に説明。同意を得たうえで署名捺印をもらい、計画書を家族に交付する。 ●モニタリング報告書（継続障害児支援利用援助）を市町村へ提出。 ●継続障害児支援利用援助にかかる障害児相談支援給付費を国保連へ請求。 ●国保連から障害児相談支援給付費を受領した際、家族に対し代理受領の通知を作成し交付をする。 ●見直し後の計画については、サービス提供事業所にも写しを送付し、あらためて方針を確認し共有しておく。	●計画見直しの場合、なぜ変更が必要となるのか、あるいはなぜ変更の必要がないのか、その理由をモニタリングの過程をふまえてまとめておくことが重要である。以後続けてモニタリングを行う際、どのような経過を経て子どもが成長してきたのか、あるいは家族の課題が変化してきたのかを知ることは、支援の連続性を確保するうえでも必要なことである。見直し後の計画書に家族の署名押印をもらう際、こうしてまとめられた評価内容を家族にも説明し、共有しておくことは大切である。 ●「基本情報」についても、児童期は大きく変化することがある。適宜修正し最新の情報をもとに計画の評価をしていく必要がある。

2．児童期における相談支援の特徴

　児童期における相談支援対象の特徴は、支援対象が子ども本人だけではなく家族にも及ぶ点にある。また、乳幼児期から成人期に至るまで、子どものライフステージは短い間に変化し、家族のおかれる環境もこうした変化に影響を受けることにも留意が必要である。

　子どもや家族に関わる機関なども多岐にわたる。乳幼児期においては保健センターや市町村の障害児支援担当窓口、児童発達支援センター・事業、保育園や幼稚園など、学齢期には小学校、中学校、高等学校、放課後等デイサービスや移動支援などの福祉サービス、成人期に向けては障害者福祉施設だけでなく、ハローワークや障害者職業センター、障害者就業・生活支援センターなど、関係する分野が母子保健や保育、幼児教育や学校教育、福祉サービスや就労支援機関というように幅広い。そのため、子どもの発達を支えていくうえで必要な情報に広く精通し、コーディネートをしていくことが求められる。

　親や家族が子どもの障害やその可能性を受け止められず、不安定な状況の中から相談が始まることが少なくない。こうした視点から、子どもの発達支援だけでなく、親やきょうだいのエンパワメントや祖父母のフォローも含めた家族支援、保育所などの一般子育て機関に対する情報提供などの地域連携に至るまで、成人期の相談支援と比べて一層の配慮と情報量を必要としている。ここでは、こうした児童期の相談支援の特徴をふまえたうえで、障害児相談支援の特徴を整理する。

1）相談受付

- 成人期とは異なり、子ども本人からの相談依頼はほとんどなく、家族からの相談により支援が始まる。
- 家族よりも早く、保健センターや保育所などの機関から支援を要請される場合も多い。
- 障害の確定診断や障害者手帳の取得の前からの相談ケースが多い。
- 乳幼児期の場合、保健師あるいは児童発達支援センターのスタッフと話し合った後、当面のサービス利用などを決めたうえでの相談受付となることも多い。
- 学齢期は学校の担任がキーパーソンとなることが多い。しかし、担任個人で対応しようとしたり、特別支援教育コーディネーターが関わっていても学校内で何とか対応しようとしたりする傾向があるため、子どもに関する相談依頼が直接的に相談支援事業所に入りにくいことも多い。
- 家族がさまざまな情報に振り回され、焦りや不安を抱えた状態で希望や要望を明確に整理できないまま、漠然とした訴えしかもたずに相談支援事業所を訪れることが多い。

2）アセスメント

- 家族の希望が前面に出やすいため、子ども本来の発達ニーズと家族の願いとの間に齟齬をきたすことがある。そのため、子ども自身の発達支援と家族の育児支援やエンパワメントとを整理をしながらアセスメントを行う必要がある。
- すでに複数の機関で発達に関する評価を受けているケースが多く、機関によって異なる方針を示され家族が混乱していることがある。
- 事業所の活動地域や家族の居住地域に限られた情報だけでは、子どもを支援できる資源や家族が抱える課題の全体像をつかめないこともある。そのため、障害保健福祉圏域などの広域的視点から、障害児支援や母子保健、子育て支援、特別支援教育や就労支援などに関する情報をもっておく必要がある。
- 重症心身障害児や難病をもつ子どもの支援にも対応できるよう、一定程度の医療的知識をもっておくとともに医療型障害児施設などの医療機関に相談できるパイプをもっておくことも必要である。
- 成長による変化が著しい時期であるため、常に子どもの最新の状況を把握しておく必要がある。

3）事前連絡会議等

- 成人期以上に、児童期の福祉資源は整備途上であり、サービス利用の需要に対して事業所数が不足している傾向がある。資源アセスメントとしての事前担当者会議などによって、各事業所の受け入れのキャパシティや支援内容を把握し、子どもや家族のニーズとのマッチングを検討する必要がある。サービス利用を検討する事業所の実情を事前に把握しておかないと、事業所の作成する個別支援計画とのミスマッチが発生するだけでなく、受け入れ自体が難しくなる事態も生じ、現実的でない障害児支援利用計画を提示することになりかねない。
- 複数の機関によって異なる方針が家族に示されていることがあり、それぞれの機関や利用予定の事業所に納得してもらえる障害児支援利用計画案を示していくためにも、支給決定後のサービス担当者会議ではなく事前の連絡会議が不可欠である。
- 子どもの発達や育児に不安を抱えて混乱状態にある家族のストレスを軽減させるためにも、計画案作成前に関係者が事前担当者会議などで検討の場をもつことは、その後の支援の継続において意義がある。
- 学童期では、学校と児童発達支援、保育所等訪問支援、放課後等デイサービスなどの障害児通所支援事業をつないでいくために、長期的な視点で計画案を検討していくことが必要である。個別の教育支援計画との連続性や一貫性を担保するためにも、学校関係者を交えて検討する機会をもつことが重要である。

4）障害児支援利用計画（案）の作成

- 子どものニーズ、家族の願い、利用する事業所やスタッフの方針、子どもが通っている幼稚園・保育所・学校などの担任の思いをつなぎ、地域の中での子どもの育ちがイメージできる計画を作成することが重要である。それゆえに、成人期以上にていねいなコーディネートが必要となる。
- 子どもの成長や家族環境の変化、あるいはさまざまな情報を得て変化する家族の思いなどに対応するために、成人期以上に短いサイクルで情報収集を行い、その変化に対応していくことが大切である。
- 相談支援専門員の大きな役割はソーシャルワーク（地域づくり）である。児童期における「地域づくり」とは、子どもや家族と地域コミュニティーとの関係性を意識した地域へのアプローチであり、子どもの健やかな育ちの土壌をつくることである。事業所を利用する子どもや家族という視点に留まるのではなく、家族の中で育つ子どもの存在、あるいは地域で暮らす家族の存在を意識し、彼らの存在が埋没することなく地域の一員として、ともに暮らし続けられるよう「地域づくり」をしていくことが必要である。そのためには、ソーシャルインクルージョンの理念を念頭においた地域アプローチの視点を相談支援や計画作成のプロセスに反映していくことが重要である。
- 障害児支援利用計画案とは、相談受付からアセスメントや関係機関との連絡調整、情報整理など、基本的な相談を行った結果としてまとめられるものであり、計画作成が本来の相談支援の目的ではない。子どもや家族が困っていることを分析、理解し、不安や混乱の中で方向性を定められずにいる課題を整理し、時には表出されないでいる課題についても顕在化できるよう、慎重かつ長期的なアプローチによって作成される必要がある。そのため、計画とは、子どもや家族の願いを関係者と共有するためのツールとして、また総合的なコーディネートの結果として作成されるものととらえるべきである。

5）モニタリング

- アセスメントと同様に、常に意識すべきは子どもの発達ニーズとサービスが一致しているかという点である。そのうえで、家族の希望や事業所などでの評価に差異が生じていないかどうかを確認していくことが必要である。
- はじめて福祉サービスを使う段階での障害児支援利用計画は、どんなに優秀な相談支援専門員が作成したとしても一種の作業仮説でしかない。したがって、その後の経過を追って計画に変更を加えていくモニタリングこそが重要であるといえる。しかも、児童の場合は、短期間に状況が変化するので、児童およびその親に継続的に関わっていく意味でも、モニタリングという仕組みを活用していく必要がある。
- 子どもの状態を少しでもよくしたいため、さまざまな研修会に参加し、専門書を読み、

インターネットによる情報を集めて多くの知識をもつ家族もいる。結果として事業所の支援に満足せず、サービスの複数利用や他事業所への変更を希望する状況が起きることもある。そのため、サービス提供期間中における家族の心境の変化にも配慮しながら、家族に対しては計画に示す目標と現在の発達状況をわかりやすく伝え、事業所へは家族の率直な思いとそこに至る背景を代弁していく必要がある。ともあれ両者をつなぐ役割には細心の注意を払う必要がある。

障害児相談支援事業における支援プロセスについて

Q 日常的な基本相談に少しでも時間をあてていけるように、サービス利用に関する手続きやそのプロセスについて、できるだけ合理的かつ短時間でできるよう努めています。しかしながら、相談支援事業が本格的に導入されて以後、従来であればスムーズに支給されていたケースでも時間がかかるようになっています。これを短くすることはできないでしょうか。

A 公的なサービスの支給を中心に考えると、質問の内容も理解できます。しかし、そもそも障害児・者の相談支援は支給決定を目的としているものではありません。これまで早くサービスが支給されていたケースであっても、必要な時間をかけることにより、家族が支援計画の内容に納得して明確な目的をもってサービスを利用することとなり、真に必要なサービスが確実に提供される効果が出ています。スムーズな利用開始を焦るあまり、家族に要望されただけの量を支給している市町村もありますが、そのことが決して子どもの発達や地域での育ちにつながるものになっているとは限りません。支給決定から利用開始までの過程は、各市町村での相談支援体制や給付審査会の実施状況が影響することもあるので、（自立支援）協議会などでこのプロセスがスムーズにいくための仕組みや様式などを話し合うことも重要です。

子どものニーズに関すること（その1）

Q 自分の気持ちをことばで表せない子どももいますが、ほしいものややりたいことをしっかり表現できる子どももいます。そうした子どものニーズは、大人への支援と同様にとらえてよいのですか。

A 子どもであっても、しっかりとことばや何らかの表現で主張できるのであれば、その要望や希望は立派なニーズです。ただし、ここは通常の子育てのことも考えていく必要があります。行きたいところ、ほしがるものがあれば、親は子どもにすぐ与えているわけではありません。男女交際や性的なことについても、年齢や発達の状態によって、子どもの要求をどのようにとらえたらよいか考えていくものです。大人への支援と同様に考えるのではなく、その子どもの発達や同年代の子どもたちが経験することと比較し、その子どもが暮らす地域の慣習なども考慮しながらくみとっていくことが大切です。

子どものニーズに関すること（その2）

Q 子どものニーズは、発達・成長を保障していくためのニーズとしてもとらえていくべきだと思いますが、家族の理解や要望とかけ離れているときは、どうすればいいのですか。

A 子どもの気持ちに寄り添い、子ども自身が何をしたいのか、どうなりたいのかを相談支援専門員が見立てていく過程はとても重要であり、かつそのことがわかるようになるまでには経験も必要です。家族ですら気づかずにいた子どもの能力を支援者が見出すこともあるため、話し合いの機会を設けながら家族に説明し、その可能性に気づいてもらうことが大切になります。子どもに関わる相談支援専門員は、子どもの気持ちや可能性を家族に伝え、その具体的な支援方法や子どもとの関わり方を伝えながら家族との信頼関係を築いていく姿勢をもちたいものです。

また、家族の要望に無条件で応える相談支援事業所に利用者が集まってしまうことが全国的に問題になっています。支給を決定する市町村のリーダーシップを含めて、（自立支援）協議会などで、その地域における統一した見解を示していくことも必要でしょう。

子どもの場合の計画相談の対象について

Q 乳幼児期の児童発達支援のみを支給決定する場合、保護者の負担を考えると、計画相談の中で行うよりは別の枠組みで考えたほうがよいと思います。すべての子どもを計画相談の対象とすることに無理があるのではないでしょうか。

A 一番最初に家族との関わりをもつ障害児相談支援事業所は、その後子どもが成人するまでの長いおつき合いとなることが多くなります。そのため、家族にとってみると困ったときにはいつでも相談できる場所として、安心感をもてる場所になることが必要です。仮に1か所の児童発達支援しか利用しない場合であっても、子どものことで不安な時期に一緒に共感し、先の目標や可能性について整理をしてくれる専門家としての役割が、相談支援専門員には求められます。

計画の作成に費やす時間は、乳幼児から学齢期にかけてライフステージの変化に対応しながら支援の連続性を保障し、子どもの成長に合わせてその時期に必要な専門家や事業所につなげていくための大事なプロセスととらえるとよいのではないでしょうか。そのためには子ども向けの様式を作成し、サポートブックなどとの連動も検討していくと、地域における支援力の向上につながるでしょう。

3．支援プロセスの流れを中心とした相談支援の実際

障害児相談支援における計画相談は、家族からの相談依頼を受け付けたところから始まる。支援方針の全体像を俯瞰していくためには、子どもの現状や現在利用している事業や福祉サービスを把握することが重要となる。しかしながら、平日の日中は子どもが保育園や学校に通っているため、実際に面談や家庭訪問の日取りを調整するだけでも相当の日数を要することが少なくない。

そこで、この項では比較的基本的な事例を示して、時間軸をイメージしながら障害児支援利用計画を作成していくまでの相談支援専門員の具体的な業務について、支援内容だけでなく実際に相談支援専門員が留意した点を明記しながら見ていくことにする。事例については、課題解決に困難を伴う事例をあえて避け、基本的な流れを意識しやすいものを選んだ。

1）事例の概要

ある小学校2年生で特別支援学級に在籍する男子。「知的障害を伴う自閉症」の診断を受けており、療育手帳（B判定／中等度）を所持している。

母親からの電話相談により支援がスタート。放課後の支援として、放課後等デイサービスの利用を希望していることから、サービス利用に向けた障害児支援利用計画の作成プロセスに入る。なお、これまでに福祉サービスの利用はないため、受給者証を新規に申請することとなる。

表4　障害児支援利用計画の作成プロセス

支援のプロセス		日付	支援方法	支援内容および子どもの様子	支援内容に関してのコメント・留意点
相談受付		9/3	電話	≪事業所からの連絡≫ ●保護者が事業所を訪れ、放課後等デイサービスを利用したいと言っている。	●事業所からの電話で相談支援が始まることもある。
			電話	≪保護者からの連絡≫ ●依頼内容の確認	●正式にはここからが相談支援のスタートとなる。 ●はじめての会話が、その後の相談支援の展開を大きく左右する。少しでも相談者がリラックスできるよう、声のトーンや話す速度、間の取り方などに注意をする。
アセスメント	事前の連絡・情報の収集	9/4	家庭訪問	●母親の希望は、月曜日から金曜日までの放課後2時間と、土曜日の午後3時間の利用を考えているとのこと。	●ていねいに情報を聞き取ることは大切だが、聞くべき要点をあらかじめ整理しておくとよい。滞在する時間の承諾も、事前に得てから訪問すること。 ●何ができるかできないかの情報も大切だが、子どもの普段の生活がイメージできるような質問を準備しておくとよい。

アセスメント	事前の連絡・情報の収集		家庭訪問	●本人については、持参した玩具で遊びながら状態を確認。指示待ちになりやすく、オウム返し、反射的な動作模倣が認められる。一人遊びについても、なかなか遊びが展開せず、同じ遊びの繰り返しになりやすい。 ●サービス利用を希望した動機は、同級生が利用し始めたことにある。 ●学校から帰宅すると好きなキャラクターのDVDを観ながら、部屋の中を歩き回ったり、おやつを要求することを繰り返すことが多いので、もっと充実した時間をもたせたいという母親の思いも聞けた。	●はじめて子どもと接するとき、子どもの笑顔を引き出せると家族が安心をするため、相談技術だけでなく子どもの応対についても経験を積むと効果的である。 ●今後連携が必要な機関について具体的に示し、相談支援事業所から連絡をとることについての承諾を得る。 ●今後の連絡手段や時間帯について確認しておく。
	課題の整理・課題分析	9/5	電話	≪保護者へ連絡≫ ●学校での様子を確認	●訪問で聞き足りなかったことを補完していく。
			電話	≪学校への連絡≫ ●担任からの情報を得る。 ●授業中は、ほとんど席に座っていられる。ボーっとしていることも多いが、指示にはよく従っているとのこと。 ●子どもが笑顔で過ごしているときはどのような場面が多いかを尋ねたところ、休み時間ではなく、授業時間中に校庭へ出て、ジャングルジムに登り、上に立って独り言を言っているときと、誰もいない図書室に入って寝そべっているときは、なんだか楽しそうとのこと。静かな場所と空間は、リラックスできているのではないかと推測できた。	●対象となる学校とはじめて連携をとる場合は、前もって市町村の教育委員会・学校長への制度説明、および学校長との信頼関係の構築をしておきたい。あらかじめ事業の意図を正しく、ていねいに説明しておくことで、問題・支障の発生を回避することにもつながる。 ●障害児支援利用計画と学校における個別の教育支援計画との関係については、地域性、その学校の教育方針を十分理解し、現実的に良好な関係性が築けるよう、臨機応変に2つの計画の位置づけについて話し合っておくとよい。
支援目標の設定		9/9	関係機関による支援会議	●参加者は学校の担任、放課後等デイサービス事業所の児童発達支援管理者、および相談支援専門員。 ●これまでの本ケースに関する情報を相談支援専門員から報告。そのうえで、事業所の受け入れ可能な曜日と時間帯を確認。さらに、今回の母親からの希望を確認したうえで、週2日の利用から始めるとよいのではないかと相談支援専門員から提案。とくに異論はない。 ●学校での様子を三者で共有できた。	●当初の母親のニーズをそのままサービス利用に結びつけることが適当かどうか、相談支援専門員が疑問に思ったため、保護者と具体的な利用の仕方について話し合う前に、関連機関の意見の一致が必要と考えて、事前に支援会議を実施した。 ●事業所の受け入れ状況を確認し、利用頻度などを話し合う。計画を立てる前に、関係機関による支援会議で検討することは、関係者の意識共有が図れるためその後の支援がスムーズになる。相談支援専門員が個人的な思いで作成した計画、と誤解されることもなくなる。これまで利用しているところ、これから利用するところ、それぞれが納得できる計画となる。
		9/10	家庭訪問	≪母親との話≫ ●これまでに得た情報から、本人が毎日のように放課後等デイサービスを利用することが望ましいことなのかどうかを話し合う。	●必要な情報を集めたら、利用計画イメージを作成し、この時点で保護者に確認と承諾を得ることが必要。 ●当初の家族ニーズと、相談支援専門員が関係者から得た意見を総合的に解釈し、母親の思いを整理し、さらに子どもにとって必要なことを考えたうえで、慎重に選択肢を提示し、意見を聴く機会をつくることはとても大切である。

障害児支援利用計画案の作成			●学校から帰り家で過ごす時間は、決して退屈な時間ではなく、子どもにとって必要な時間である可能性があることを話した。一方で、休み時間に大勢の子どものいる場所で過ごすことに抵抗はなく、交流学級で過ごしている時間など、本人としてはストレスなく、多くは楽しめているであろうということを確認した。 ●本人の気持ちを大切にしながら、年齢も考慮し、まずは平日の週2日の利用から始めるとよいのではないかと提案。母親としては、他に放課後等デイサービスを利用している人の話を聞きながら、焦りを感じていたところなので、今回の提案を聞いてかえって安心したとのこと。週2日でお願いしたいとのこと。	●子育ての楽しさ、醍醐味、子どもの育ちを一緒に考えていくことは、障害児相談支援で大きな役割の一つといえる。家族のエンパワメントとは何か、という視点を常に意識して取り組むことが大切である。 ●母親の精神的な疲労度、母親を中心とした家族の養育力を考慮し、一時的なレスパイトが効果を発揮できるのか、実施していく家族支援は、子ども自身のためになるのかについては、関係者の意見をていねいに聞き取りながら、一つひとつの支援のゴールをイメージしていくとよい。
	支給決定		障害児支援利用計画案の作成	
		9/11	利用計画案の確認	●早期の利用開始を望む保護者の声を重視し、相談支援専門員は各機関や家庭に利用計画案を届け、直接内容を説明した。家庭に対しては、父親にも計画内容の確認を依頼する。	
		9/12	電話	●家庭に連絡し、あらためて利用計画案について、問題はなかったかを確認。 ●とくに不安な点、変更点、要望などは聞かれないため、計画案として福祉課に提出することを伝える。	●早期利用を希望する家族の場合、いつから利用できるのかという不安をもつことがある。計画案の最終確認をする前に、支給決定から受給者証が届くまでのおおよそのスケジュールを市町村の担当課に確認し、今後の段取りを説明できると家族も安心するだろう。
			障害児支援利用計画案の提出		
		9/13	決定通知の確認	●福祉課に電話で支給量についての確認を行う。利用計画案の内容で支給決定したいとのこと。	●市町村の担当課との連携が密にとれていれば、支援開始の時点から必要に応じて連絡をとり合うことで、支給決定がスムーズに行われる。
利用計画の作成			支給決定の確認		●日頃から意思疎通がスムーズにいくような連携体制や、支援を必要とする子どもや家庭の情報が共有されていると、手続きが滞らずに進んでいく。
	サービス担当者会議		正式な障害児支援利用計画の作成		●はじめて連携をとる関係機関の場合、学校であれば学校長や特別支援コーディネーター、事業所であれば担当予定の職員に対し、利用計画の内容を十分に説明できるよう準備をしておくとよい。

第3章 事業の進め方とその視点

利用計画の作成	サービス担当者会議	訪問	●家庭および学校、放課後等デイサービス事業所に、正式な障害児支援利用計画を届ける。 ●あわせて、モニタリングについての説明と、次回の支援会議の日程を調整する。	●正式な障害児支援利用計画ができたら、その内容を説明し、支援方針を確認していくための関係者による支援会議の設定が必要。 ●当然のことながら、サービス担当者会議を実施していくことが本来の流れであるが、早期の利用開始を希望する家族の要望に対し、学校と放課後等デイサービスの職員の日程調整が難しければ、本ケースでは、相談支援専門員がそれぞれの職場に出向いて説明と同意を得ることにする。

2）事例についての補足と課題

　障害児通所支援は、保育所等訪問支援以外は全国的に事業所数が増加しているのが実情である。なかでも放課後等デイサービスは大幅に増加しており、家族の利用ニーズも比較的高いため、一週間の中で複数事業所を組み合わせて利用しているケースもめずらしくない。

　表4の事例では、放課後等デイサービスを1事業所だけ利用するケースとして取り上げているが、その場合であっても、子ども本人がサービス利用を望むかどうかという視点から、保護者や学校から本人の嗜好、関心ごと、楽しめること、安定できることについて情報を収集し、また家庭訪問などを通じて実際の様子を確認する時間をとっている。ただし、家庭訪問については福祉関係者が自宅に来ることを望まない家庭もあることから、家族の意向を十分に確認してから行うことが望ましい。

　事例では、保護者が当初週6日間の放課後等デイサービス利用を希望していたが、アセスメントや事前担当者会議等での情報交換の結果、週2日の利用となっている。十分な話し合いと、情報の交換を行うことにより、このように当初のニーズと実際の計画が変わってくることは少なくない。相談当初の導入にあっては、家族のニーズが優先されることが多くなるが、子どもにとって今必要な発達支援は何かという視点をもってアセスメントや事前担当者会議等を行うことで、真に必要なサービス量が見えてきた結果である。計画作成に向けたプロセスでは、あらゆる事実や可能性を排除することなく分析してコーディネートをしていく技術が必要であり、希望を言われるがままに計画に反映することが相談支援専門員の役割ではないことに留意しなくてはならない。

　支給決定後にはサービス担当者会議を開き、障害児支援利用計画を作成することとなっているが、関係者を全員集めて会議を行おうとすると、日程調整だけで時間が経過してしまうのが実情である。とりわけ今回の事例は、学校と放課後等デイサービスに相談支援事業所を合わせた三者の調整例であり、学齢期であるため学校との連携は大切だが、往々にして調整は放課後になりやすい。一方で放課後等デイサービス事業所は、放課後に子どもたちの受け入れが始まるため、平日の午前中か昼過ぎの2時頃までを希望することが多い。

保護者の参加も考えた場合、サービス利用を希望する子どもだけでなく、きょうだいがいる場合にはその子の年齢も考慮すると、夕方以降の時間帯は設定しづらくなる。そのため、この事例では相談支援専門員が一つひとつの機関などに足を運ぶことで、必要な調整と情報共有を行った。相談支援専門員の業務量が増えてきている現状にあっては、地域やケースの実情に応じたサービス担当者会議を行えば、もっと時間を短縮でき、相談者の意向にも滞ることなく応じられるようになるのではないだろうか。

児童期における相談支援専門員の質について（その1）

Q ニュアンスが異なることがないように、できるだけ家族の話したことばを使って利用計画に記入していますが、それでも「そんなつもりで言ったのではない」と家族からお叱りを受けることがあります。何が間違っているのでしょうか。

A 家族の日々の気持ちの揺れに想いを寄せることを大切にして、指摘を受けた時点で、素直に家族のことばに沿って、何度でも修正していくことが必要です。「お叱り」ではなく気持ちの揺れだったと受け止められるようになったら、児童期の相談支援専門員として一歩前進です。

児童期における相談支援専門員の質について（その2）

Q 明らかに専門的なところでの療育を受けたほうがよいと思っていても、家族の意向とかみ合わずなかなか核心に向かっていきません。療育関係の人は、もう少し待ってあげたらいいというのですが、子どもがかわいそうです。いつまで待てばよいのでしょうか。

A 「子どもがかわいそう」という気持ちからして一方的な目線です。焦る気持ち、こうすればいいのにという気持ちで接していくと、家族には負担となり福祉関係者との距離ができてしまう危険があります。家族が自ら悩み、自ら気づき、自ら選んでいく過程を、時間をかけて応援していくことに相談支援の仕事の本質があります。「家族と一緒にしっかり考えて選んだ結論に誤りはない」ということも理解しておきましょう。障害児相談支援において、子どもの発達支援も大事な要素ですが、子どもを育てている保護者やきょうだいを含めた家族支援も同様に重要な要素です。家族のエンパワメントという視点についても十分考慮をした支援が必要となるため、相談支援専門員の技術的なスキルアップにも努めるべきでしょう。

4．計画相談実務のルールづくり

　現在の計画相談実務において、事業所によっては一人配置というように限られた相談支援専門員が、本来の相談支援業務に加えて、請求業務や（自立支援）協議会への出席、業務実績報告、また各種アンケートへの回答など周辺業務に割く時間も求められている。

　こうした実情を抱えるなかで、ていねいな相談業務や計画作成に当たることは非常に難しい。業務フローの整理や事務的な省力化を図らなければ、相談支援専門員が能率的に実務を進めることができず、結果として経営環境を悪化させることに直結することにもなる。

　ここでは、現場の相談支援専門員が本来の相談支援業務にできるだけ時間を割けるような環境整備に向け、事業所単位さらには市町村単位で考えていくべき視点について述べる。

1）相談支援の周知・アウトリーチ

　相談支援が進まない理由の一つに、利用者や家族に限らずサービス提供事業所にさえサービス等利用計画や障害児支援利用計画の必要性と有効性が周知されていないことがあげられる。

　障害福祉サービスを利用する際に、サービス等利用計画や障害児支援利用計画を作成しなければならないこと自体を知らない場合もあれば、計画の作成が義務づけられていることは知っていても納得できていなかったり、不要であると感じたりしている場合がある。そのため、利用者や家族に限らず、サービス提供事業所やその他の関係者に対し、相談支援の目的と効果を継続的に周知していくことが必要となる。

　しかし、利用計画の重要性を周知する作業を計画相談支援を担当する相談支援専門員が個別に行うことは、本来求められている計画相談支援業務に支障をきたす危険がある。これを避けるために、市町村や委託相談支援事業所、基幹相談支援センターなどが中心となり、（自立支援）協議会や協議会に設置される相談支援部会を通じ、関係者に対し相談支援が果たす必要性と効果を十分に周知し、計画相談支援を担う事業所が円滑に参入していける環境をつくっていくことが必要である。

　また、相談支援に関わる人員が増えるということは、一定の意思統一がなされないと、説明のしかたに差異が出て混乱を生じさせることなども想定される。とりわけ、保健・医療・保育・教育・就労などの隣接分野の関係者にとっては、障害福祉に携わる関係者以上に相談支援の制度化と計画相談支援の重要性が十分に届いていないことが多い。これらの隣接分野の関係者から相談支援事業所につながる事案もあることから、事業を説明するパンフレットだけでなく、同一市町村内（必要であれば圏域単位でも）の相談支援事業所間で体裁を共通化した契約書・重要事項説明書などについて検討し、共通ツールを活用していくことも円滑な相談支援体制を整備していくうえで有効である。

図23　障害児支援利用計画の作成プロセス

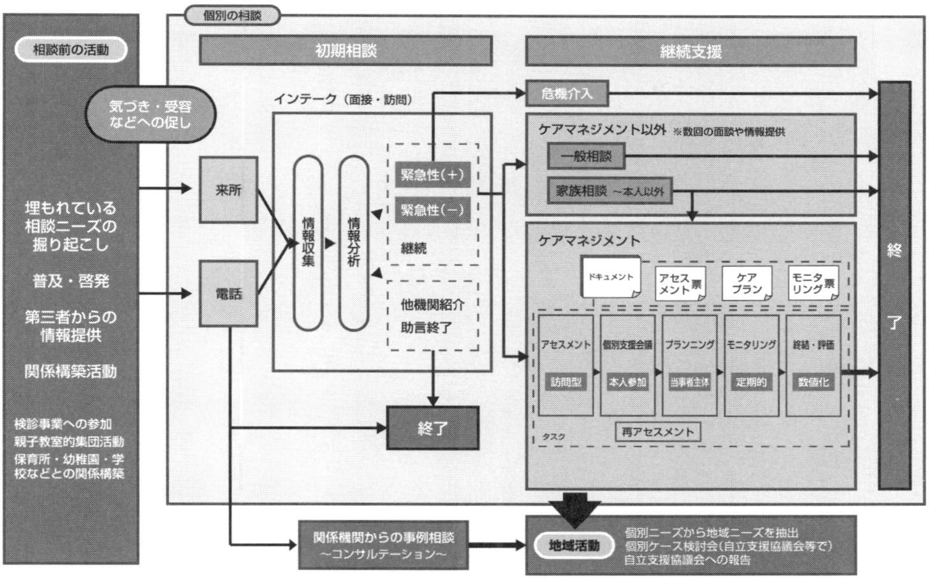

埼玉県相談支援専門員協会
「相談支援従事者人材育成ビジョン」p.5を加筆修正

2）計画相談支援の進め方（プロセス）・仕事の出し方・引き受け方

　平成25年4月の障害者総合支援法施行に伴い、支給決定プロセスや様式の変更・追加が行われ、相談支援事業所やサービス提供事業所をはじめ、関係機関が利用者と多面的に関わるプロセスに変更されている。しかし、市町村によって相談支援に対するアプローチが異なることもあって、新規立ち上げの相談支援事業所ではどのような流れで業務を進めてよいのかわからないといった混乱が生じやすい。そこで、事務面でも業務の共有や効率化を図り、不具合を解消する取り組みが必要である。

　以下に発生しやすい課題と対応策について例示する。

❶市町村に提出する書類の様式と提出時期

　フローチャートなどを作成し、行政と事業所が共有すると混乱が少ない。

　障害福祉サービス等の支給申請のために、保護者が関係書類を市町村に提出する時点から、相談支援の利用契約や計画書案の提出、支給決定、計画書の作成と役所への提出、その後の請求事務やモニタリングに至るまで、相談支援に関する一連のプロセスと必要となる関係書類が明確になることで、新規参入事業所であっても混乱が避けられるだろう。（図24参照：札幌市作成「指定特定（障害児）相談支援事業者用マニュアル　平成26年1月改訂版」抜粋」）

❷支給決定通知（受給者証発行）とそれを相談支援事業所が知る方法

　利用者本人が児童である場合、サービスの支給決定が行われたのち受給者証は直接請者

である保護者のもとに届く市町村がほとんどである。

　そのため、相談支援事業所にとっては支給決定の結果について、保護者か市町村に問い合わせするしか確認の方法がない。その結果、新規参入事業所を中心に、正式な障害児支援利用計画の作成を事業所が失念するケースや、請求のタイミングを見失うケースが発生している。支給が決定されたら、計画案を提出した事業所にも決定通知の控えなどが届くような仕組みを検討すると、円滑なサービス利用にもつながるようになる。

❸サービス担当者会議の実施方法と事前担当者会議等の実施意義

　サービス担当者会議については、誰を招集するのか、適切な開催の時期はいつか、また何を目的に会議を行うのかなど、新規参入事業所の疑問が集中するポイントである。一般的には相談支援事業所が招集する場合が多いと考えられるが、場合によっては利用予定の通所事業の児童発達支援管理責任者や行政窓口などが声かけすることも考えられる。また、障害児通所支援事業所に配置される児童発達支援管理責任者であっても、児童期特有の社会資源の情報をほとんどもたずに事業を実施する状況が見られる。そのため、会議の開催などを通して、相談支援専門員が児童発達管理責任者や地域で中核となる他の相談支援事業所などとともに、地域における社会資源の実情と役割を共有していく必要がある。

　とくに児童期の社会資源の場合、一つの市町村では利用できる資源が不足していることも考えられることから、(自立支援)協議会の子ども部会なども活用し、障害保健福祉圏域単位での社会資源マップづくりや、情報交換の機会を積極的に設けていくべきである。

　児童期は成人期以上に関係機関との連携が多種多様な時期である。また、不安を抱えながら、今すぐにでも子どものために何かをしたいと願う保護者の相談に応じることが多い。そのため、実際のサービス利用までの時間を短くして、保護者の不安を解消していくことが必要となるが、計画案作成前に必要な情報を共有し確認するための「事前担当者会議等」の開催は非常に効果的である。

　成人期の福祉資源以上に、児童期はサービスの量・質ともに整備途上である。そのため、事前連絡会議等によって各事業所の受け入れの実情や可能な支援内容を把握し、子どもや家族のニーズとのマッチングを検討する必要がある。サービス利用を検討する事業所の実情を事前に把握しておかないと、当該事業所では実施不可能なサービス内容を障害児支援利用計画に盛り込んで提示することとなり、サービス提供事業所が作成する個別支援計画とのミスマッチが発生するだけでなく、子どもの受け入れ自体が難しくなりかねない。

　また、複数の機関によって異なる方針が家族に示されていることがある。それぞれの事業所が納得できる利用計画案を示していくためにも、支給決定後のサービス担当者会議ではなく、事前担当者会議をもつほうが児童期支援においては合理的である。

❹モニタリング

　アセスメントと同様に、常に意識しなければならないのは、子どもの発達ニーズとサービス提供が一致しているかどうかという点である。そのうえで、家族の希望や事業者など

図24 支給申請から給付費等支払までのフローチャートの例

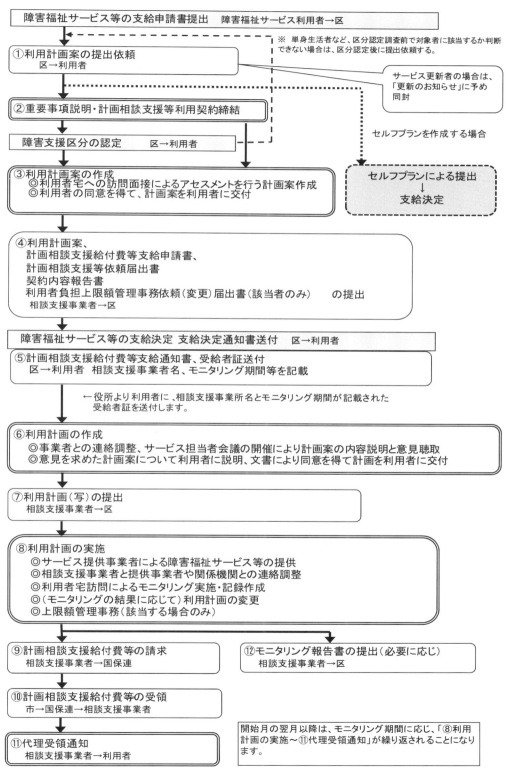

札幌市作成資料

での評価に差異が生じていないかを確認していく作業が必要である。本来であれば、計画で目標とした発達支援や家族支援、地域連携について、確実に実施されているか、あるいはどの程度の支援が提供できているのかについて、明確な根拠を確認できる方法で実施されるべきである。

そのためには、電話での確認や事業所や家庭に赴いての確認および評価は必須であり、単純に事業所の個別支援計画の評価票を入手するだけでモニタリングに代えるべきではない。

また、モニタリングの時点だけで子どもや家族の様子を確認するよりも、日頃から各事業所の児童発達支援管理責任者と情報共有ができる関係づくりをしておけば、より正確な状況分析や判断につながるため、意識的に事業所との連絡をとるよう心がけておくとよい。

モニタリングの実施については、従来、標準期間として、1か月、6か月、12か月ごとに行うことを目安として示されてきたが、平成27年度より利用者への適切なマネジメントを継続的・効果的に行うため、たとえば、「学齢期の長期休暇等により心身の状態が変化するおそれのある者」「就学前の児童の状態や支援方法に関して不安の軽減・解消を図る必要のある保護者」などに対しては、2〜3か月ごとのきめ細かいモニタリングが可能になった（障害保健福祉関係主管課長会議資料 平成27年3月6日：142ページ）。

❺請求業務および事務処理関係

相談支援事業の新規利用者については、「②支給決定通知（受給者証発行）とそれを計画相談支援事業所が知る方法」でも述べたように、事業費の請求月を確定するうえで混乱が生じやすい。

他の事業では給付費請求書とあわせた実績記録表への利用者押印に基づいて、当該月の事業費請求を行うが、相談支援事業では請求根拠が曖昧になりやすく混乱しやすい。そのため、支給決定について②で述べたように決定通知の控えが届くようにすれば、これを請求書類へ添付して事業の実施の根拠に変えることもできる。いずれにせよ一定のルールづくりが必要である。

また、そもそも相談支援プロセスに関わる事務処理が煩雑であることに加え、請求事務を相談支援専門員が行うことになっている事業所も多い。事務処理についてはフローチャートの作成やマニュアル化、業務を省力化するソフトウェアの導入、あるいは事務費相当分を含めた給付費の見直しなど省力化を実現する方策を検討する必要がある。

あわせて、児童の場合では年度変わりの3月から4月にかけては受給者証の更新者が集中する自治体も多いと思われるため、すでに実施している例もあるが誕生月を更新期日にするなど地域の実情に応じた見直しをすることで、効率よくかつ効果的な相談支援が継続できるよう改善していくことも必要である。

❻セルフプランのありかた

「セルフプラン」とは、障害をもつ当事者が市町村職員や相談支援専門員などのアドバイスを受けるとしても、自らケアマネジメントの手法を用いて作成するサービス等利用計

画のことを指す。

　制度上、相談支援事業所が作成した障害児支援利用計画案の代わりにセルフプランを提出できるのは、次の2つの場合だけである。一つ目は、身近な地域に相談支援事業所がない場合、二つ目は自らがセルフプランの提出を希望する場合である。

　一つ目の場合については、相談支援事業所の体制整備は市町村の責任であるから、厚生労働省は、相談支援事業所がない場合には平成27年度に限って市町村職員が障害児支援利用計画案（代替プラン）を作成して、平成28年度までに体制整備をするべきとしている（障害保健福祉関係主管課長会議資料 平成27年3月6日：136ページ）。

　二つ目の場合は、子どもが自らサービスの情報を集めて自ら計画を作成することはほとんど考えられないため、家族が作成するものと考えられる。この場合には、家族が客観的に子どもを評価できているか、家族の「願い」と子どものニーズが一致しているのかという点が問題となる。子どもの計画相談支援におけるサービスの主体は一義的に子ども本人であることから、成人のセルフプランとは分けて整理するべきである。

　どちらの場合であっても、セルフプランが提出されるのであれば、市町村はその内容をケアマネジメントの技法をもって十分に判断できる人材を担当者として配置、あるいは育成するべきである。

　セルフプランが提出されても、その内容どおりの支給決定ができない場合などには、その内容について行政が指導・助言をしていく必要が出てくる。また、サービス提供事業所側からプランの内容に対応できないといった訴えがあった場合の調整や、セルフプランの進捗管理やモニタリングなどについて、制度上はセルフプランの提出者である保護者が実施し責任を負うことになるが、実際問題としては行政が支援をせざるを得ないことになる。

　専門職員の配置や育成が困難な自治体の事情を考慮したとき、セルフプランは結果的に現状よりも自治体職員の業務を増やす事態にもつながることを銘記すべきである。現状において市町村にみられるセルフプランの取り組みは、本来の相談支援がめざす体制とはかけ離れた当座をしのぐ選択であるうえ、実施するのであれば、市町村や障害保健福祉圏域の実情をよく知る第三者が十分にアドバイスをしていく必要がある。

　他方で、十分な知識を有し、わが子のために将来を見据えて、いま必要となる発達支援サービスをコーディネートできる家族がセルフプランを選択することは、当然のことながら理想的である。セルフプランを作成できる状態に向けて相談支援事業所が家族支援を行うことは重要であるが、支援計画を何回か作成するなかで保護者・児童のエンパワメントを図り、将来的にセルフプランに移行していくことが現実的であろう。市町村や相談支援事業所には、こうした家族を支えるだけの知識や経験が必要となるが、同時に地域の相談支援体制の充実に向けて、障害児支援に携わる関係者の育成について、セルフプランを作成できるようになった家族からの協力を求めることも手法の一つとなる。

　本来であれば、市町村においてセルフプランを導入するうえで、その対象者や取り扱い

方を(自立支援)協議会などで十分に議論をしておく必要がある。とくに児童期においては、子ども自身の将来に向けた発達保障に関わる問題であることから、早急に市町村で検討することが必要である。

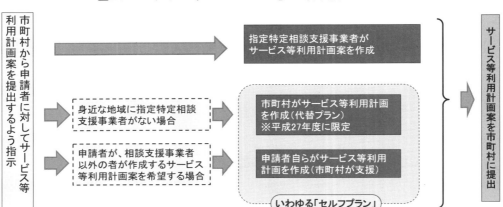

図25 いわゆる「セルフプラン」の取り扱いについて

遅塚昭彦作成

児童期におけるセルフプランについて

Q 行政の窓口で、放課後等デイサービスを利用したいことを伝えると、「相談支援事業所に利用計画案の作成を頼むか、自分で作成してもいいです」とだけ言われ、セルフプランという様式を渡されました。書き方がわからないと伝えると、相談支援事業所に聞いてくださいと言われましたが…。

A 本来、市町村行政の窓口が説明もなくセルフプランを勧めることには問題があります。セルフプランを提出する意思のある家族に対しては、正式な支援プロセスの中で「相談支援専門員と一緒に作成した利用計画」を経験してほしいものです。何回か利用計画を経験していくうちに、ケアマネジメント手法などの理解もでき、セルフプランが作成できるようになるかもしれません。ただし、わが子ゆえに、保護者の気持ちが先行してしまうことが多いものです。第三者の機関が入ることで、子どもの気持ちや発達支援ニーズをあらためて考える機会となります。まずは相談支援事業所と一緒に作成し、経験を積んだ後に家族で作成できるようになることも一つの方法ではないでしょうか。また、質問の方のお住まいの市町村は、相談支援体制自体が混乱状態のようです。都道府県レベルで、アドバイザー事業を活用するなどの相談支援体制へのテコ入れが必要と考えられます。

5. 人材育成 〜地域での人材育成・スキルアップの仕組みと質の担保〜

　地域内における相談支援と相談支援に関連する事業が有効に機能していくためには、地域の相談支援体制の整備に加え、相談支援に関わる人材の育成が必要になる。そのためには、個別ケースでのチーム支援の積み重ね（とくにサービス担当者会議やケア会議を核とした検討と共有の積み重ねと関係の構築）、地域連携を基盤にしたスキルアップ・人材育成体制を構築することが重要である。

　すなわち、各々の相談支援専門員は、自らの役割を仕組みの面においても個別の支援の場面においても明確にし、関係者が同じ方向を向いた業務を行い、自分の役割を遂行できるよう研鑽を積むことが重要である。

　こうした仕組みのつくり方は、障害児相談支援に特化したことではない。児童だけの取り組みに特化せず、相談支援全体の取り組みの一つとして、児童期の支援を位置づけていくことが望まれる。そうでなければ、「子どもの時期の支援は〝特殊〟」であるとか「子どもの時期の支援は専門性が高く、難しいから私には無理」といった空気が生まれ、ライフステージに「切れ目」が生まれたり、児童期に関わるマンパワーだけが増えなかったりする事態を招きかねない。

　とはいえ、当然ながら児童期特有の専門性も求められるため、新たに障害児相談支援を担う職員には知識やスキル面でのサポート（人材育成体制）が必須である。一方で、児童期を中心に活動する事業者には相談支援全体を理解してもらう仕組みも必要であり、地域全体の人材育成と情報共有の仕組みづくりが求められる。

1）児童期における相談支援従事者人材育成

　人材育成についても同様である。子どもの支援について、最初から成人と切り分けた仕組みで職員を育成するのではなく、相談支援の人材育成体系の一部として、児童期の相談支援に必要な視点やスキルを位置づけることが望ましい。

　障害児相談支援についてのスキルアップや人材育成については、他の分野のソーシャルワークと同様、Off-JT（Off-the-Job Training）とOJT（On-the-Job Training）を連動させた仕組みが必要である。

❶広域連携も視野に入れたOff-JT

　Off-JTはいわゆる「研修会」であり、座学や演習・実習などによる研修を中心に組み立てられる。知識の習得や日常業務の振り返り、気づきを得るなどの目的で効果を発揮する。規模の大きい研修は、大きな労力を要したり、企画や運営（中味の組み立て、講師の選定や依頼）などに経験や技量を要したりすることが多いため、比較的広域の枠組みでつくりあげることも多い。

　Off-JTとしては、都道府県や障害保健福祉圏域など比較的広域の枠組みでの発達支援

や環境調整、家族支援などの体系だった専門研修や、自治体や地区ごとで困っていたり共有したいことがらについての学習会などが想定される。とくに小地域での学習会は、その取り組みの企画・運営や参加者の交流を通しての地域のネットワークづくりも期待できる。

❷OJTとスーパービジョン

Off-JTは新たな知識の獲得や業務の振り返りには有効であるが、実践的な面には効果を発揮しづらい傾向がある。そのため、実践面でのスキルアップを図る仕組み（OJT）が必要となる。

OJTは、地域でのスーパーバイズ体制の構築に強く影響される。福祉分野では、スーパーバイザー養成が体系化されていない（スーパーバイザーを配置できる地域は少ない）ことが多い。

OJTを事業所・法人内で実施できる事業所・法人もあれば、単独では困難な事業所・法人もある。また、内部で実施できる場合であっても、2～3人体制という事業所も少なくない。5～10人程度で合議できる仕組みが望まれるため、いくつかの事業所が共同で実施することが合理的である。全国的に「1.5人職場」といわれる相談支援事業所の実情を考えると、一つのケースを多角的に検討したり、合議したりできる仕組みを地域の中につくることが急務である。

具体的なOJTの中味としては、前述の事例検討会などの業務の検討の場の開催、計画相談支援についてのプラン精査会のほか、インターンシップ（事業者間の人材交流）などが考えられる。

こうしたOJT体制の中核的担い手の育成について、基幹相談支援センターや児童発達支援センターの整備の議論とリンクして考えるべきである。

広域での研修の実施方法

Q 広域で行う研修としてはどのようなものが考えられますか。

A 相談支援従事者養成研修としては、専門コース別研修の一つとして障害児相談支援が例示されています。カリキュラム・内容は都道府県によりさまざまですが、実施する都道府県が増えてきています。また、障害保健福祉圏域単位で、圏域コーディネーターが中心となって研修会を企画する例もあります。

県内に相談支援と障害児支援両方に精通する人がいる場合は、その人を中心に企画していくとよいでしょうし、そういった人材が見あたらない場合は研修の企画・立案から、県外のアドバイザーに来てもらうことも想定されます。県外から講師を招く場合は、その後ずっと講師を依頼するのではなく、徐々に自分たちの都道府県のメンバーで企画・立案していけるようにすることが大切です。

内容としては、児童期に特徴的な専門的知識や先進事例についての講演、都道府県内各地での取り組みの共有などが考えられます。

こうした研修の企画・運営を通して、都道府県内の中心を担うメンバー同士の交流やスキルアップが図られていきます。そのためにも、一人の企画メンバーが一定期間は関わり続けることや、新たな中心を担うであろうメンバーの参加を促すことも考慮しましょう。

> **身近な地域での学習機会をつくるには**
>
> **Q** 地域で学ぶ場をつくりたいのですが、どのようにしたらよいでしょうか。
>
> **A** まずは、地域内での研修ニーズを把握しましょう。そのうえで、テーマを絞ってより身近で具体的な支援につなげられるような研修会にすることがポイントです。相談支援事業者や児童発達支援センターが主催するのもよいですが、より地域に開かれた研修会となるよう、(自立支援)協議会や相談支援事業者連絡会などの研修として位置づけるのもよいでしょう。また、相談支援のみならず、相談支援専門員とサービス提供事業者(児童発達支援管理責任者)や学校(特別支援教育コーディネーターなど)の連携、障害児支援利用計画と個別支援計画や個別の教育支援計画の連動などをテーマに実践交流会などを行うと、地域の支援力がさらにアップすると考えられます。

6. 地域づくりと地域での協議の基盤づくり

　相談支援事業は利用者のニーズに的確に応えて地域の支援機能をコーディネートしていくだけでなく、今後、福祉制度の狭間で十分な支援を得られていない人たちの潜在的ニーズを掘り起こす作業もますます重要となってくる。相談支援専門員は、地域の実情を最前線で把握する立場にあることから、不足する福祉サービスの充実や必要とされるシステムづくりに向けたソーシャルアクションを起こす役割が期待される。

　それゆえに、地域におけるこれからの相談支援体制を、どこで・誰が・どのようにして整備していくのかということを、相談支援専門員も市町村行政とともに考えていく必要がある。

1）協議の場づくりと（自立支援）協議会の活用・活性化

❶協議の場づくり

　相談支援体制を整備するにあたって、協議の場をつくることが必要となる。行政の担当部署や相談支援事業所、サービス提供事業所などの関係する機関が同じテーブルにつき、対等の立場で協議できる場が必要である。

　こうした検討に有効な場の一つとして、(自立支援)協議会があげられる。なかでも、子どもの課題について検討する場（子ども部会など）や、相談支援について検討する場（相談支援部会など）で取り扱うことが想定される。

　（自立支援）協議会の活用が困難な場合は、新たな検討の場を設定する必要があるが、参加を求めたい関係者が集まる既存の場（例：行政の庁内連携会議、地域の事業所連絡会、要保護児童対策地域協議会、子ども・子育て会議など）があれば、その活用も視野に入れ

るべきである。

❷地域のキーパーソンは誰か？

　体制整備の作業には、地域連携の要となるキーパーソンが必要である。

　相談支援業務に従事する立場からは、基幹相談支援センターや委託相談支援事業所の中堅やベテラン職員が適すると考えられるが、行政にも核となる担当者がいると施策を検討し遂行していくうえで大きな推進力となる場合が多い。そして、いずれか一方に依存するよりも、複数のキーパーソンによる官民協働の仕組みをつくることが重要である。

　また、協議に参加する関係者が多い場合、検討会などの開催に先立ってキーパーソンを中心にして、事前調整の機会を設けて検討会の趣旨と検討すべき課題について整理しておくことも重要である。協議・検討するべき課題が共有されていない検討会では、現状の報告やそれに対する感想に終始するだけで、肝心の解決に向けた提案が参加者から出されないまま終了してしまうことが多い。また、検討会のメンバーの任命時に、会の目的と各メンバーに期待する役割を事前に説明・共有し、理解と自覚を促しておくことも必要である。

　支援の難しい利用者の事例を取りあげる際には、相談支援専門員などがメンバーにわかりやすく情報を提供できるよう資料を作成し、キーパーソンを中心としたコアメンバーが課題検討のプロセスを協議できるとよいであろう。課題検討のスキルアップは、結果的に地域全体における利用者に対するアセスメント力の向上にもつながることが期待される。

　なお、相談支援体制が構築できていない地域にあってはキーパーソンの確保が難しい。その場合には、市町村ごとに外部アドバイザーを一定期間継続的に招聘し、キーパーソンを育成していくことも考慮する必要がある。また、市町村の規模によっては、障害保健福祉圏域を単位として広域的な支援を要請することも有効である。いずれにせよ、自らの地域の課題を自らの力で解決していけるよう、地域力の向上をめざして進めていくことが重要である。

アドバイザーの人選について

Q　アドバイザー的な存在としてはどのような人が考えられますか。

A　外部からアドバイザー的な存在を招く場合は、障害福祉分野に明るい学識経験者などを選び、客観的に協議会のデザインや運営に対し助言をもらうのも一つの方法です。また、圏域コーディネーターが配置されている都道府県では、コーディネーターに協議会に参加してもらい、広域的な立場から助言をもらうことも想定されます。

> **事例検討会のもち方について**
>
> **Q** 事例検討会を実りのあるものにするにはどうしたらよいでしょうか。
>
> **A** 事例提出者の支援内容を否定するのではなく、今後どうしていったらよいかを話し合うことが大切です。また、経験や力量の差があろうとも、同等の立場で自由に意見を出し合う雰囲気が重要です。そのためには、参加者全員が目的や役割を理解して参加することと同時に、検討課題を整理して提示し、一人ひとりが意見を言えるようにファシリテートできる人材が必要になります。こうしたファシリテーション能力も相談支援専門員に求められます。

2）地域課題の抽出と資源開発への取り組み

　これまで地域づくりの一環としての相談支援体制の整備について述べてきたが、さらに一歩進めて、地域づくりについて述べる。

　相談支援を行う過程で、利用者に対して解決すべき課題があるにもかかわらず、具体的なサービスや打開策が見つけられないまま、ただ利用者の訴えを聞くだけで足踏みをしてしまうことがある。この場合、フォーマル・インフォーマルを問わず、社会資源が十分に整備されていないために利用者のニーズに応えられない問題について検討し、個別の事案から地域全体が解決しなくてはならない課題の検討へと展開していく必要がある。さらに、そうした課題が一人の利用者だけでなく複数の利用者にとっても共通する課題であれば、なおさら解決に向けたソーシャルアクションを起こしていく必要がある。このように不足している社会資源を掘り起こしたり新たに創出したりしつつ、課題の解決へ導いていくことも相談支援専門員の重要な仕事である。

　不足する社会資源への解決策は、必ずしも自治体の予算獲得や制度・事業の新設だけではない。解決方法は多様であり、障害福祉分野に限らず既存の社会資源の活用や、保健や子育てなど他分野の支援システムの中に障害児・者を取り入れるなどの工夫によって課題解決に結びつける方法もある。また、相談支援やサービス提供現場における支援技術に起因する課題であれば、関係機関が集まって研修を行うことで解決できることも多い。とりわけ最近の福祉現場における虐待事案については、障害特性への認識の不足や支援技術の未熟さが原因になっている場合が多く、こうした支援力の向上に向けた研修の機会は地域全体の問題として取り上げていく必要がある。

　このような地域課題の共有や解決の機能もまた、（自立支援）協議会の役割の一つとしてあげられており、議論の土俵として協議会を活用することが適切である。

（自立支援）協議会について

Q 市町村の（自立支援）協議会で取り組みやすい課題の例があれば教えてください。

A 予算化の必要な施策は時間を要したり、難航したりするケースが多いと考えられます。まずは、地域の関係者の創意工夫や連携で解決できることに取り組むのがよいと考えられます。

たとえば、相談機関の連携の方法は全国に共通する課題です。「人が変わると何度も同じ話をしないといけない」という声には、サポートブックなどの連携ツールの開発などが考えられます。また、ソフト的なつなぎとしては、幼稚園・保育園から学校へ、学校から就労先・通所先へといった関係者の引き継ぎ・ネットワークづくり（効果的な移行支援会議のもち方の検討）なども考えられます。こうした議題を、関係者が同等の立場で議論する土俵としては、（自立支援）協議会の子ども部会や相談支援部会などが想定されます。いきなり（自立支援）協議会に提出するのはハードルが高いという場合は、連携を考える勉強会を有志でもち、それを積み重ねていくのも一つの方法です。

第4章

児童期特有の課題への対応
～4つの事例から～

はじめに

児童期の支援は、ライフステージの変化に伴い多面的なアプローチが必要となる。

ここでは、乳幼児期、就学時期、学齢期の特徴的な事例に加えて、より専門的な知識や経験が必要となる重症心身障害児の事例を紹介する。

計画の作成にあたって、子どもの現在の状態を把握するだけでなく、家族を取り巻く環境や不安、相談に至るまでの心の揺らぎ、医療・教育・福祉サービスの状況、子どもや家族のライフスタイルなどを念頭において、今後の育ちに向けて、サービスを適切にマッチングしていくことの重要性を示した。

いずれも、障害児相談支援を行うなかで関わることが想定される事例であることから、今後の相談支援における参考となることを期待して紹介する。

1．乳幼児期における子どもと家族に寄り添う支援

1）事例の概要

【氏　名】　Aくん（男児）

【年　齢】　3歳8か月

【障害名】　知的障害を伴う自閉症

【家族構成】両親、妹の4人暮らし。父方の祖父母は隣県在住。母方の祖父母は同市内在住で協力的だが、母親の弟宅にも双子の孫がおりサポートしている。

【生活歴】　会社員の父親と専業主婦の母親の第一子として、正常分娩にて出生。

1歳6か月健診では指差しが認められず、発語も「あー」「おー」などの発声のみ。経過観察となる。

保健師の家庭訪問時（2歳）に母親がことばの遅れを相談し、子育て学習センターのプログラムに母子で参加するようになる。

2歳8か月のときに妹が生まれる。保健師による家庭訪問の際に本児の発達について相談したところ、3歳健診まで様子を見ようと言われるが、2歳11か月の頃、健診を待てずにインターネットで探した母親から相談支援事業所○○に連絡が入る。相談支援専門員との相談面接を経て、その後、地域の○○療育センター内にある小児科を受診し、「知的障害を伴う自閉症」と診断される。

3歳1か月頃から、公的機関から障害児であるとの判定を受けなくても利用できる障害児等療育支援事業（外来療育）の利用を開始する。

2）事例のポイント

　本事例は、3歳児健診を前に発達の遅れを心配した保護者からの相談希望で支援を開始した子どもである。当初よりAくんは発達の遅れと自閉症の特徴を認める児であったが、妹が生まれて2か月という家族事情から頻度高く通園することが難しく、母親は強い不安と焦りで不安定な状態にあった。相談支援専門員は、母親が直面していた「障害かもしれない」という不安と悲しみに寄り添い、話を聞くとともにAくんへの対応方法を一緒に考え、具体的に助言することで日々の困りごとを少しずつ解決し、母親の子育てを支えていった。

　診断告知を受けて発達支援が開始されてからも、Aくんの進路を考えていくうえで、家族全体の生活や「何を優先して選択していけばよいのか」といった疑問や揺れにつき合いながら、両親が主体的に進路を決めていけるようサポートしていった。

　当初は、公的機関から障害児であるとの判定を受けなくても利用できる障害児等療育支援事業の外来療育（保育グループ）を利用していた。しかし、母親は次年度以降の進路や先のことなど、さまざまな不安や迷いを抱えていたため、○○療育センターへの通所（児童発達支援）について情報提供した結果、正式に市の支給決定を受けて、週に5日間通所することとなった。

　Aくんは児童発達支援センターに2年間通園した後、地域の幼稚園（特別支援学級）に通うことになり、母子ともに多くのつながりをつくることができた。就学相談では特別支援学校を勧められたが、地域にできたネットワークを大切にしたいという思いから、校区内の特別支援学級に入学した。

　Aくんの母親は、当時を振り返り、「新しい場へ行くたびに"つなぎ"をしてもらえたことが本当に心強かったです」と言う。また、「年少の時期に大事なことは、いろんな訓練を求めて走り回るのではなく、規則正しい生活を送ること、たくさん遊ぶこと、つまり子どもらしい生活を送らせることだと実感しました」と、2年間の児童発達支援センター通所で積み重ねた体験が、着実にAくんの力となっていることを感じている様子である。

　幼児期の相談支援においては、保護者の障害の理解と受け入れが重要となる。育ちの初期に直面する辛い思いにていねいに寄り添いながら、子どもの発達に合わせて取り組んでいくことを具体的に提供していける支援をコーディネートしていくことが求められる。

Aくんの現状（基本情報）

作成日	平成○年4月1日	相談支援事業所名	相談支援事業所○○
計画作成担当者		□□　△○	

1．概要（支援経過・現状と課題等）

　1歳6か月健診で母親がことばの遅れについて保健師に相談をしたことから、保健師による家庭訪問支援の対象となる。当時は母親自身それほど気にしていたわけではないが、他の親子と一緒に遊ぶことが増えるなかで、「他の子のように自分を求めてきたり、頼ってくることが少ない」と気づき、次第に心配が強くなってくる。第2子（妹）を出産した2歳9か月時に保健師の訪問を受けたが、「3歳児健診まで様子を見ましょう」と言われる。あと3か月が待てない思いで相談支援事業所に連絡が入る。

　初回相談では、両親と本児、生後2か月の妹を抱いて4人で来所。ことばの遅れよりも、母親に対しても求めてくる様子が少ないことを不安に感じ、床や壁をドンドンと叩いたり、大声を出す、外出すると一人で走って行くなど、日常生活での困りごとも多く抱えている状況だった。「今、この子にしてやれることはないか」という母親のことばに切実な思いが感じられた。相談支援専門員は、できるだけ実物などを見せながら本児の気持ちを代弁することばを添えていくこと、本児の好きなものに大人がチャンネルを合わせて"一緒に遊ぶ"体験を積んでいくことなど生活上で取り組めることを助言。不安と日々の生活の大変さで憔悴していた母親に対して、継続して相談に応じていく約束をする。その後、相談を継続するなかで、本児の発達に関するアセスメントを実施するとともに、保護者と現状の課題や今後の方向について話し合いを進めた結果、両親が専門機関の療育を受けることを希望する。相談支援専門員が、児童発達支援センターの利用とそれに伴う小児科受診について調整し、「知的障害を伴う自閉症」の診断を受けて3歳2か月時に児童発達支援センターへの通所を開始する。

　児童発達支援センターの保育グループ（障害児等療育支援事業）に通うことで、本児はゆっくりながらもできることが増えてきた。母親も子育ての仲間を得て徐々に元気を取り戻しつつ、次年度以降の進路や先のことなど、さまざまな不安や迷いを抱えていた。進路先について選択肢を情報提供するとともに、それぞれの場合についてのメリット、デメリットなどを整理するなかで、児童発達支援センターの利用契約を決める。

2．利用者の状況

子どもの名前	○○　○○	生年月日	平成○年△月×日	年　齢	3歳8か月
住　所	○○市○○町○番地			電話番号	00-000-0000
				FAX番号	00-000-0000
愛　称	Aくん	手帳の有無	有・㊀（無）	性　別	㊛（男）・女
発達の状況（主に家族から聴取した情報）				医療の状況　※受診科目、頻度、主治医、疾患名、服薬状況等	
●運動面：定頸3か月、座位7か月、ハイハイ7か月、独歩14か月 ●生活の様子 　食事：スプーン＋手つかみ、牛乳と野菜が苦手だが食欲あり着席可 　排泄：紙パンツ使用、出たことを知らせる様子なし 　着脱：全介助（協力動作あり） 　睡眠：問題なし 　遊び：ミニカーや列車が好き。チラシを破って箱に出し入れを楽しむ				●既往歴 　特記なし ●健康状態 　良好 ●かかりつけ医 　○○病院小児科○○医師	

※以下、様式は日本相談支援専門員協会『サービス等利用計画作成サポートブック』参照

困ること：外出するとすぐに走って行き危険。床や壁を叩く、大声を出すなど近所に迷惑。 ●コミュニケーションの様子 　理解：「外へ行くよ」で玄関へ、「バイバイ」で手を振るなど、場面によって、ことばと状況でわかることもある。モノの名称を聞いて指差すことは不可。 　表出：「あー」「おー」のみ。要求はジェスチャー、手を引っ張る。1歳頃「パパ」「ママ」の単語が出たがその後消失。表情の変化に乏しく、大人と一緒に遊ぶよりも一人遊びを好む。	

生活歴　※受診歴等含む		家族構成
○年○月	正常分娩出産。会社員の父親と専業主婦の母親の第一子として出生。	4人家族
1歳6か月	健診で指差しが認められず、発語も「あー」「おー」などの発声のみ。経過観察となる。	
2歳	保健師の家庭訪問時に母親がことばの遅れを相談。子育て学習センターのプログラムに母子で参加する。	
2歳8か月	妹が生まれる。保健師による家庭訪問の際に本児の発達について相談。3歳児健診まで様子を見ようと言われる。	※父方祖父母は、隣県在住 ※母方祖父母は同市内在住で協力的だが、母親の弟宅にも双子の孫がおりサポートしている。
2歳11か月	健診を待てず、インターネットで探した母親から相談支援事業所○○に連絡が入る。相談支援専門員との相談面接を経て、その後、地域の療育センター内にある小児科を受診し、「知的障害を伴う自閉症」と診断される。	
3歳1か月	障害児等療育支援事業（外来療育）の利用を開始する。	

子どもの発達の評価（今後の発達課題）	家族の主訴（意向・希望）
・理解面の遅れと自閉症の特性を認める。 ・人への意識が弱く、自己刺激的な遊びが多い。 ・集団での保育を積み重ねることで生活リズムを整え、身辺面の自立を促すとともに、いろんな人との関わりを通してコミュニケーションの力を育てていく。	・少しずつ身のまわりのことを自分でできるようになってほしい。 ・お友だちと一緒に遊べるようになってほしい。 ・子育ての悩みなどを話せる人がほしい。

3．支援の状況

	名称	提供機関・提供者	支援内容	頻度	備考
公的支援（障害福祉サービス、介護保険等）	障害児等療育支援事業	○○療育センター	外来療育（保育グループ）	1回／週（木曜）	
その他の支援	・子育て学習センター事業 ・祖父母の協力	・○○子育て支援センター ・母方祖父母	・参加メンバーの集い ・療育に通う日の妹の預かり	・適宜 ・1回／週（木曜）	半年間のプログラム終了後も母親仲間が集まっている

サービス等利用計画・障害児支援利用計画　様式6

利用者氏名（児童氏名）	Aくん（3歳）	障害支援区分	－
障害福祉サービス受給者証番号		利用者負担上限額	○○○○円
地域相談支援受給者証番号	－	通所受給者証番号	○○○○○○○○○○

計画作成日	平成○年4月1日	モニタリング期間（開始年月）	6か月（平成○年○月）

利用者及びその家族の生活に対する意向（希望する生活）	（母）・少しずつ身のまわりのことを自分でできるようになってほしいと思う ・母親としてできることをしてやりたいので、いろいろアドバイスをし ・安心して子育てをしていけるように、同じような悩みをもった母親仲 （父）・Aには、Aのペースで伸びていってほしい。また、母親が元気で子育
総合的な援助の方針	Aくんの発達に合った支援を受けることで、さまざまな生活経験を積み、できりながら支援していきます。
長期目標	集団の場で、いろんな生活経験や他の人と一緒に遊ぶ経験を積み重ね、元気で
短期目標	○○児童発達支援センターの生活リズムに慣れ、安心して活動に参加できるよ

優先順位	解決すべき課題（本人のニーズ）	支援目標	達成時期	福祉サービス等 種類・内容・量（頻度・時間）	
1	身のまわりのことを少しずつ自分でできるようになってほしい（母）	自分でできることを増やしていけるよう、生活や療育の場で日々積み重ねていく	平成○年9月	児童発達支援事業 （月〜金・週5日）	
2	お友だちと一緒に遊べるようになってほしい（母）	療育支援を受け、保育士や他児と楽しい経験を積み重ねていく	平成○年9月	児童発達支援事業 （月〜金・週5日）	
3	子育ての仲間がほしい（母）	母子保育の日に参加することにより、母親同士のネットワークをつくっていく	平成○年6月	児童発達支援事業 （月曜日は母子保育日） 親の会 （1回／月）	
4	母親としてできることをしてやりたいのでアドバイスがほしい（母）元気に子育てできるよう母親を支えてやってほしい（父）	適切な対応の仕方を身につけていけるよう、本児の発達特性を一緒に確認していくとともに、気軽に相談できるサポート体制を整える	随時	・医療機関 ・児童発達支援事業 ・障害児相談支援事業	

	相談支援事業者名	○○
	計画作成担当者	○△　□□

	利用者同意署名欄	○○　△△

し、お友だちとも仲よく一緒に遊べるようになってほしい。
てほしい。
間がほしい。
てをしていけるようにいろんな人たちに支えてほしい。

ることや楽しいことを増やしていくとともに、家族が安心して子育てをしていけるよう関係機関と連携を図

楽しい毎日を送れるようになる。

うになる。

福祉サービス等		課題解決のための本人の役割	評価時期	その他留意事項
提供事業者名（担当者名・電話）				
○○児童発達支援センター（○○保育士・○○－○○○○）		センターでの経験をふまえて自宅でも取り組んでいく（両親）	平成○年6月	
○○児童発達支援センター（○○保育士・○○－○○○○）		毎日休まずに通うことで周囲の人に慣れていく	平成○年6月	
○○児童発達支援センター（○○保育士・○○－○○○○）		母子保育日や行事などに積極的に参加する（母）	平成○年6月	・発達障害児の親の会に参加することで、地域の情報を得たり、先輩ママの話などを聞く機会をもつ ・子育て学習センターで知り合った母親仲間とも適宜交流を継続している
○○小児科・Ｄｒ． ○○相談支援専門員 ○○保育士		担当保育士を相談窓口として、相談内容に応じて適宜利用する	平成○年6月	・必要に応じて、地区担当の保健師とも連携を図る

第4章　～児童期特有の課題への対応～4つの事例から～

サービス等利用計画・障害児支援利用計画【週間計画表】　様式7

利用者氏名（児童氏名）	Aくん（3歳）	障害支援区分	－
障害福祉サービス受給者証番号		利用者負担上限額	○○○○円
地域相談支援受給者証番号	－	通所受給者証番号	○○○○○○○○○○

計画作成日	平成○年4月1日

	月	火	水	木
8:00	起床・朝食	起床・朝食	起床・朝食	起床・朝食
10:00	○○児童発達支援センター（母子保育）	○○児童発達支援センター	○○児童発達支援センター	○○児童発達支援センター
12:00				
14:00				
16:00			作業療法	
18:00				
20:00	夕食	夕食	夕食	夕食
22:00	就寝	就寝	就寝	就寝
0:00				
2:00				
4:00				

サービス提供によって実現する生活の全体像	Aくんの年齢や発達状況に応じた経験ができる場として○○児童発達支援センターを利用すること Aくんが見通しをもって集団生活を送れるよう配慮することで、そのなかで大人や他児と関わりなが また、保護者においては、Aくんの発達や関わり方などを理解し、必要な情報を得ながら安心して子

	相談支援事業者名	○○
	計画作成担当者	○△ □□

金	土	日・祝日	主な日常生活上の活動
			[月～金曜] ・○○児童発達支援センター 　9:30～15:00 　＊月曜日は母子保育に参加 　　9:30～13:30 　　妹は祖母に預ける。
起床・朝食	起床・朝食	起床・朝食	
			・毎週水曜日は、作業療法訓練
○○児童発達支援センター	休日は、家族で買い物に出かけたり、遊びに行くなどして過ごす		・家では、ミニカーで遊ぶことが多い。トランポリンやセラピーボールも好む。 ・新しい住宅地に新築をしたばかりだが、本児の障害について隣家には伝えており、理解を得られている。
			週単位以外のサービス
夕　食	夕　食	夕　食	・小児科の診察 　　（1回／3か月） ・親の会（1回／月） ・子育て学習センターの母親仲間（適宜）
就　寝	入浴・就寝	入浴・就寝	

で、さまざまな遊びや生活経験を積み重ねていけるようになる。
らコミュニケーションの力を育んだり、自分でできることを増やしていけるようになる。
育てができるようになる。

モニタリング報告書（継続サービス利用支援・継続障害児支援利用援助）

利用者氏名（児童氏名）	Aくん（3歳）	障害支援区分	－
障害福祉サービス受給者証番号		利用者負担上限額	○○○○円
地域相談支援受給者証番号	－	通所受給者証番号	○○○○○○○○○○

計画作成日	平成○年4月1日	モニタリング実施日	平成○年6月15日

総合的な援助の方針	
Aくんの発達に合った支援を受けることでさまざまな生活経験を積み、できることや楽しいことを増やしていくとともに、家族が安心して子育てをしていけるよう関係機関と連携を図りながら支援していきます。	

優先順位	支援目標	達成時期	サービス提供状況（事業者からの聞き取り）	本人の感想・満足度
1	自分でできることを増やしていけるよう、生活や療育の場で日々積み重ねていく	平成○+1年3月	規則正しい生活リズムが整ってきました。給食や片づけ、手洗いなど自分でできることも少しずつ増えています 水曜日の作業療法では着席して課題に取り組んでいます	食事前に手を洗ってタオルで拭く習慣が身についてきました。靴にひもを付けたり、ボタンをファスナーに替えるなど工夫しています。今は、排泄が一番の課題です
2	療育支援を受け、保育士や他児と楽しい経験を積み重ねていく	平成○+1年3月	いろんな活動に楽しく参加できています。すべり台が好きで列に並んだり、他の子どもが遊ぶ様子をじっと見る様子も見られるようになってきました	園で覚えた歌や手遊びを家でもしている姿を見て嬉しく思っています。一人で遊んでいることが多いのでお友だちができたらいいなと思います
3	母子保育の日に参加することにより、母親同士のネットワークをつくっていく	平成○+1年3月	母子保育の日は積極的に参加しておられ、少しずつ他のお母さんたちとも仲よくなってこられている様子です	はじめの頃は少し緊張もしましたが、今では気の合うママ友もできて、一緒にランチをしたりおしゃべりをしています
4	適切な対応の仕方を身につけていけるよう、本児の発達特性を一緒に確認していくとともに、気軽に相談できるサポート体制を整える	平成○+1年3月	気になることがあればすぐに話してくださっているのでその都度対応しています（以上、児童発達支援センター/○○保育士） モニタリングを通して状況を確認するとともに、適宜相談対応を実施（相談支援事業所/○○CW）	今は、担任の先生に何でも相談して解決するようにしています。幼稚園のことなどは小児科の先生にも相談したいと思っています（母） 2人とも楽しそうに通っているので安心して見ています（父）

〈モニタリングの結果〉
　児童発達支援センターへの通所にも慣れ、家族も落ち着いた生活ができていることが確認されたのでサービス利障害児相談支援サービスについてはモニタリング頻度を6月ごとに変更し、今後は、センターの職員が相談窓口

	相談支援事業者名	○○
	計画作成担当者	○△　□□

	利用者同意署名欄	○○　△△

全体の状況
児童発達支援センターへの利用を開始して3か月目になる。通所開始当初は機嫌が悪い日や戸惑う様子も見られたが、徐々に活動の流れや自分のクラスがわかるようになり、今では毎日楽しそうに通って身辺面の自立や集団参加などに取り組んでいる。母親も母子保育に参加することで、子育ての仲間ができ始めている様子である。

支援目標の達成度 （ニーズの充足度）	今後の課題・解決方法	計画変更の必要性			その他留意事項
		サービス種類の変更	サービス量の変更	週間計画の変更	
生活の中で自分でやろうとする姿が増えてきている。6月からトイレへの定時誘導を開始した	身辺面の自立については、日々の生活で引き続き経験を積み重ねていく。トイレットトレーニングは焦らず本児のペースで進めていく	有 (無)	有 (無)	有 (無)	センターと家族で児の様子や取り組み方などを共有・確認しながら進めていく
保育の流れをつかみ、見通しをもって参加できるようになった。自分から友だちに寄っていくことは少ないが、他児への意識は高くなっている	いろんな遊びや活動に参加して好きなことを増やしていくとともに、友だちと一緒に遊ぶ場面も経験していく	有 (無)	有 (無)	有 (無)	はじめての場面では、ゆっくり慣れる、見通しをもてるなど工夫が求められる。友だちと遊ぶ場面では必要に応じて大人が仲立ちをする
センター内の母親ネットワークができつつあるほか、発達障害児の親の会にも出席して先輩ママの話や専門家の講演会などから情報を得ている	週1回の母子保育に継続して参加し、ともに親子で遊ぶ経験を積むなかで母親仲間を得ていく	有 (無)	有 (無)	有 (無)	親の会では、いろんな障害特性の保護者が参加しているため、情報の整理など適宜サポートしていく
センター職員とは日々コミュニケーションが図られており、児の関わり方などについては相談対応ができている。小児科の診察は3か月に1回のペースで継続している	日々の主たる相談窓口はセンターとし、就学などについては関係機関が連携して保護者への相談対応を実施していく	有 (無)	有 (無)	有 (無)	モニタリング頻度を6か月に変更する 次回は、9月、翌年3月に実施予定

用については継続利用とした。
となって必要に応じて相談支援専門員や主治医と連携を図ることを確認した。

> **乳幼児期に必要な支援**

Q 私どもの地域には、以前から優秀な保健師と地域を駆け巡っている児童発達支援センターのスタッフがいます。一方で、相談支援専門員は子どもの支援には慣れていないようです。どうしていけばよいでしょうか?

A 乳幼児期の発達に関する専門的な知識、親の気持ちに寄り添う面でのきめ細かい配慮などを備えた優れた相談支援専門員が地域にいると、これまで以上に支援が活性化していくことでしょう。一方で、相談支援専門員の役割は「つなぐ支援」「長期にわたる見守り」「地域づくり」などです。乳幼児期を中心に関わっているスタッフにはできない役割を担っています。乳幼児期の支援に関する知識がないために、頼りない動きをするかもしれませんが、多職種・多業種によるネットワークを確立し、療育場面を見学してもらう、個別支援会議に同席を求めるなどして、優秀な相談支援専門員を地域全体で育てていきましょう。

2．家族支援が必要なケースの就学期における支援

1) 事例の概要

【氏　　名】　Bくん（男児）
【年　　齢】　5歳
【障 害 名】　二分脊椎、鎖肛、両下肢弛緩性麻痺、感覚障害、言語発達遅滞
【障害程度】　身体障害者手帳　肢体不自由1級
【家族構成】　母親と知人との3人暮らし
【生 活 歴】　母が妊娠糖尿病となり大学病院に入院、胎児が脊髄髄膜瘤とわかり帝王切開にて出産。鎖肛に対して1生日目に人工肛門造設術施行。以後、□□大学病院にてフォローとなる。

7か月時、運動機能訓練を目的に○○学園を紹介され受診、理学療法と言語療法がスタートする。

2歳7か月時、児童発達支援センター○○へ母子通園し始め、現在は、週3日継続して療育・訓練に通っている。

来年は、就学を控えており、地域の小学校の特別支援学級にするか特別支援学校にするかを悩んでいる。

2）事例のポイント

　このケースは、家庭環境の複雑さや母親支援の必要性（先の見通しが立ちにくく現況に合わせた言動が難しい）があるなど、家庭生活環境の難しさが本児の生活や継続した発達支援の保障が難しいケースであった。

　小学校入学を前に、本児の登下校の方法（母は運転免許をもっていない）や医療的ケア（導尿）の問題が立ちふさがり、教育委員会、福祉課、小学校、児童発達支援センターなどが情報を共有しながら、本児にとって家族にとってよりよい学校生活を検討していく必要性があった。母親は居住地の各課窓口とのトラブルが頻繁にあったため、そのつど関係機関に伝えるべきことや、小学校入学に際し母がやるべき必要なことなど、何度も母親と一緒に整理しながら相談を行ってきた。

　就学という支援関係機関が移行していく時期には、前もって各機関とのつながりをもち、互いに共通理解をもちながら就学の準備を進めていく必要があり、より深い連携が必要不可欠である。

就学時期に必要な支援

Q　就学前後に関する相談は、どこが対応してくれますか？

A　教育分野では、教育委員会が主催する適正就学指導委員会（最近は教育支援委員会という名称が多くなっています）が各市町村に設置され、子どもの状況と保護者の意見などをふまえて、就学先を検討しています。就学時期など移行期においては、とくに切れ目ない移行支援を行っていくことが重要ですので、保護者の了承を得たうえで、障害児相談支援事業所や児童発達支援センターなどと教育関係機関の間で、お互いの共通理解を図りながら、障害児支援利用計画と学校における個別の教育計画との位置づけの確認など、積極的な連携を図っていくことが必要です。

平成27年度の障害福祉サービス等報酬改定でも「関係機関連携加算：200単位／回」が新設され、児童発達支援センターなどによる就学等に関する相談援助および学校などとの連絡調整が評価されるようになりました。

B くんの現状（基本情報）

作成日	平成○年12月	相談支援事業所名	相談支援事業所○○
計画作成担当者	□□　△○		

1．概要(支援経過・現状と課題等)

　平成○年2月出生。母が妊娠糖尿病となり□□大学病院に入院、胎児が脊髄髄膜瘤とわかり、帝王切開にて出産。鎖肛に対して1生日目に人工肛門造設術施行。以後、□□大学病院にてフォローとなる。平成○年9月（7か月時）、運動機能訓練を目的に△△学園を紹介され受診、ST・PTを受けることになるが、継続して訓練を受けることが難しい状況であった。平成○＋2年9月（2歳7か月時）、児童発達支援センター○○へ母子通園を始め、現在は、週3日児童発達支援センターへ通園し、理学療法、作業療法、言語療法の個別訓練を受けている。

　来年度、就学を控えており、母は地域の小学校の特別支援学級か特別支援学校への就学を検討中。本児は、車いすにて自力移動できるが、時間導尿があり特別支援学校のスクールバスは利用できない。母親は車の免許をもっていないこともあり、就学後の通学方法に悩んでいる。

　現在、適正就学指導委員会では、通学方法と導尿の課題が残り、就学先決定が保留になっている状態である。

2．利用者の状況

子どもの名前	○○　○○	生年月日	平成○年2月○日	年　齢	5歳
住　　所	○○市○○区○△1丁目○番地			電話番号	00-000-0000
				FAX番号	00-000-0000
愛　　称	Bくん	手帳の有無	身体障害者手帳1級	性　別	男児

発達の状況（主に家族から聴取した情報）	医療の状況　※受診科目、頻度、主治医、疾患名、服薬状況等
●全体像 　はじめての場所などでは少し緊張も見られるが、いつも元気でおしゃべり好きな男の子。誰とでもすぐに仲よくなり、何でも興味をもって取り組むことができる。足が自由に動かないことでズボンの着脱など自分ではできない！と決めてやろうとしないこともある。 ●食事 　ほぼ自立：動作はほぼ自立しているが、好き嫌いが多く、食べたがらないことも多いので促しが必要。 ●排泄 　一部介助：着脱動作は一部介助。小児用洋式便器に座ることはできるが、尿意を感じることは難しくトイレでの成功なし。オムツ着用で時間導尿が必要（自己導尿は未）。 ●入浴 　一部介助：入浴時の人工肛門部分の処置および浴槽への出入りは介助を要する。	●かかりつけの医療機関 　□□大学病院 ・泌尿器科（月1回） ・小児科　（3か月に1回） ・脳外科　（3か月に1回） ・小児外科（3か月に1回）

≪移動・運動≫ 　一部介助：車いすに自分で乗り降りし、自由に動き回る。床はいざりで移動。 ≪行動の様子≫ 　とくになし ≪コミュニケーション・遊びなど≫ 　表出：言語でのやりとり可能。母の仕事柄、大人社会で育っているため、大人を求めて遊んだり会話のやりとりを楽しむ。 　理解：年齢相応の理解あり ≪その他≫ 　身長100ｃｍ、体重15kg。人工肛門を造設。時間導尿実施。	

生活歴　※受診歴等含む	家族構成
・平成○年2月出生。 ・母が妊娠糖尿病となり大学病院に入院、胎児が脊髄髄膜瘤とわかり、帝王切開にて出産。 ・1生日目に人工肛門造設術施行。以後、□□大学病院にてフォローとなる。 ・平成○年9月（7か月時）、運動機能訓練を目的に△△学園を紹介され受診、ＳＴ・ＰＴを受けることになる。 ・平成○年9月（2歳7か月時）、児童発達支援センター○○へ母子通園し始め、現在に至る。	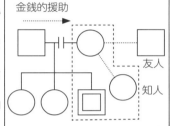

子どもの発達の評価(今後の発達課題)		家族の主訴（意向・希望）
●新版K式発達検査（平成○年5月実施）※5歳3か月 姿勢・運動：DQ14 認知・適応：DQ107 言語・社会：DQ93 全領域：DQ93	●目標 ・さまざまな集団を経験し、そのなかで自分の気持ちを伝えたり、活動を楽しむことができる。 ・継続して訓練や療育支援を受ける（母の目標）。	まずは、希望する学校へ入学したい。 本児に楽しい学校生活を送ってほしい。 将来的には松葉づえを使って移動できるようになってほしい。 また、自己導尿できるようになってほしい。

3．支援の状況

	名称	提供機関・提供者	支援内容	頻度	備考
公的支援（障害福祉サービス、介護保険等）	児童発達支援	児童発達支援センター○○	集団療育	週3日	週2同伴、週1単独
その他の支援					

サービス等利用計画・障害児支援利用計画　様式6

利用者氏名（児童氏名）	Bくん（5歳）	障害支援区分	－
障害福祉サービス受給者証番号		利用者負担上限額	○○○○円
地域相談支援受給者証番号	－	通所受給者証番号	○○○○○○○○○○

計画作成日	平成○年12月	モニタリング期間（開始年月）	6か月（平成○年○月）

利用者及びその家族の生活に対する意向（希望する生活）	（本人）・歩行器を使って自分で歩けるようになりたい。 ・小学校に入学してお友だちをたくさんつくりたい。 （母）・ずっと訓練を続けていきたい。 ・希望の小学校に入学したい。 ・もっと健常の子どもたちとの関わりの中で揉まれて強く育ってほしい。 ・将来は松葉づえを使って移動できるようになってほしい。 ・自己導尿もできるようになってほしい。
総合的な援助の方針	Bくんの希望や成長に合わせた訓練や支援を継続していくとともに、家庭生活
長期目標	Bくんが毎日元気に楽しく学校生活を送れるようにしましょう。
短期目標	小学校入学の準備として生活リズムを整え療育・訓練を休まず継続していきBくんの状況を小学校等に伝え、理解を促していきましょう。

優先順位	解決すべき課題（本人のニーズ）	支援目標	達成時期	福祉サービス等 種類・内容・量（頻度・時間）
1	歩行器を使って歩けるようになりたい	定期的な訓練療育支援を受け、Bくんの経験を積み重ねていき、小学校生活につなげる	平成○年△月	児童発達支援 ・理学療法訓練（週1回） ・言語療法訓練（月2回） ・作業療法訓練（月2回）
2	小学校に入ってお友だちをつくりたい 小学校の送迎の負担を軽減したい（母）	居住地の資源を知る。教育委員会や学校と通学の方法について話し合う	平成○年△月	居住地の有償移送サービス 送迎支援（インフォーマル支援）
3	学校や生活の事を相談したい（母）	居住地の相談窓口など、定期的に相談できる場をもつ	平成○年△月	相談支援事業所 生活福祉課 家庭児童相談員 担任や特別支援コーディネーター
4	自分になにかあったときに本児を預ける場所がほしい（母）	緊急時に備える	平成○年△月	日中一時支援

	相談支援事業者名	○○
	計画作成担当者	○△　□□

	利用者同意署名欄	○○　△△

環境の安定をめざしていきましょう。

ましょう。

福祉サービス等	課題解決のための本人の役割	評価時期	その他留意事項
提供事業者名（担当者名・電話）			
△△△学園	休まず訓練を受ける	平成△年△月	関係機関で連携をする
△町社会福祉協議会 アンビシャス運動の一環	小学校入学後、時間をつくり運転免許を取得する（母）	平成△年△月	音楽教室の発表会へ参加する
相談支援事業所○○ △町生活福祉課 △町子ども課 ○小学校	困ったことがあれば相談する（母）	平成△年△月	母親同士のピアカウンセリングを活用する
△△△△本舗		平成△年△月	事前の見学やお試し利用について配慮する

第4章 〜児童期特有の課題への対応 〜4つの事例から〜

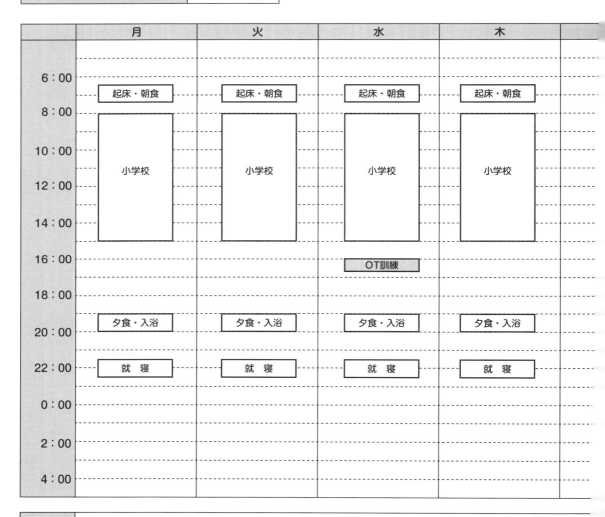

	相談支援事業者名	○○
	計画作成担当者	○△　□□

金	土	日・祝日	主な日常生活上の活動
起床・朝食	起床・朝食	起床・朝食	平日は△小学校へ通うが、休日の過ごし方は決まっていないことが多い。多くは、母の仕事（友人の手伝い）に連れて行かれ仕事場で過ごしている。 母が手伝っている仕事も時間帯が不規則で、それによって1週間の生活リズムが崩れ、体調不良（親子共）につながることもよくある。 △△学園にてPT・OT・ST訓練継続中
小学校	昼食	昼食	
	PT・ST訓練		**週単位以外のサービス**
			[△△大学病院受診] ・泌尿器科：月1回 ・小児科：3か月に1回 ・脳外科：3か月に1回 ・小児外科：3か月に1回
夕食・入浴	夕食・入浴	夕食・入浴	
就寝	就寝	就寝	

さんが安心して暮らせるようになります。

モニタリング報告書（継続サービス利用支援・継続障害児支援利用援助）

利用者氏名（児童氏名）	Bくん（5歳）	障害支援区分	－
障害福祉サービス受給者証番号		利用者負担上限額	0円
地域相談支援受給者証番号	－	通所受給者証番号	－

計画作成日	平成○年4月1日	モニタリング実施日	平成○年○月

総合的な援助の方針	
B君の希望や成長に合わせた訓練や支援を継続していくとともに、家庭生活環境の安定をめざしていきましょう	

優先順位	支援目標	達成時期	サービス提供状況（事業者からの聞き取り）	本人の感想・満足度	
1	定期的な訓練療育支援を受け、B君の経験を積み重ねていき、小学校生活につなげる	平成○年△月	（△△△学園）小学校へ入学してからは、理学療法と言語療法の訓練をそれぞれ月2回受けています。母の仕事の関係で来れない時期もあるが、だいたい定期的に行えています。小学校で友だちみたいに上手にできないことに少し悔しさが出てきており、毎回の訓練をとても頑張っています。	（本人）やりたくないときもあるけど、できないことを先生が教えてくれるから、訓練はしたい（母）身体の機能的に難しいことも多いが、少しでも達成できるようにしてあげたい。自信をもってほしい。機能訓練は継続したい	
2	居住地の資源を知る教育委員会や学校と通学の方法について話し合う	平成○年△月	小学校入学以降は、送迎に関する解決に向けた話し合いには至っていない（母と知人による送迎が続いている）	送迎については、今のところは母が何とかやれているができれば援助がほしい 有償サービスは負担が大きい	
3	居住地の相談窓口など定期的に相談できる場をもつ	平成○年△月	（△△△学園）小学校へ入学してからは、理学療法と言語療法の訓練をそれぞれ月2回受けています。母の仕事の関係で来れない時期もありますが、だいたい定期的に行えています 小学校で友だちみたいに上手にできないことに少し悔しさが出てきており、毎回の訓練をとても頑張っています	学校の先生や相談支援事業所へは必要なときに相談することができている △町への相談は一度も行っていない。相談しにくい	
4	緊急時に備える	平成○年△月	（日中一時支援事業所）不定期で日中一時支援を利用されている 利用時は、小学校の自主学習を行ったり、本人が希望する遊びをしたりと、楽しく過ごしているが、小学校を休んでいることについては少し残念そうである	（△△△学園）小学校へ入学してからは、理学療法と言語療法の訓練をそれぞれ月2回受けています。母の仕事の関係で来れない時期もありますが、だいたい定期的に行えています 小学校で友だちみたいに上手にできないことに少し悔しさが出てきており、毎回の訓練をとても頑張っています	

〈モニタリングの結果〉
学校（学校内における導尿の支援が母親以外には難しい）への送迎は母や知人に頼るしかない現状であるが、日中が可能になると思われたため、町との協議で、日中一時支援事業所への送迎を移動支援でお願いできないか協議に

	相談支援事業者名	○○
	計画作成担当者	○△ □□

	利用者同意署名欄	○○ △△

全体の状況
現在小学校2年生で、楽しく学校に通えています。但し、学校への送迎は母と知人の協力を得ながらなので、保護者に用事があるときには学校へ通えていない現状もあり、そんなときには日中一時などを利用しながら過ごしています。 また、△△△学園での個別訓練を併用しており、できることを増やすためにがんばって通ってきています。

支援目標の達成度 (ニーズの充足度)	今後の課題・ 解決方法	計画変更の必要性			その他留意事項
		サービス種類の変更	サービス量の変更	週間計画の変更	
定期的に訓練に通うことができている 必要に応じて、小学校との連携をとってもらっている	訓練支援を継続していき、状況を共有していく	有 (無)	有 (無)	有 (無)	
居住地近辺にあるサービスでは、母の希望する条件と合わず、利用に至っていない	母は送迎に対しての支援を希望している 今後も引き続き各関係機関で協議していく	(有) 無	有 (無)	有 (無)	町と協議して移動支援や放課後等デイサービスを検討していく必要あり
小学校と相談支援事業所が母の相談を受けているが、随時各関係機関への連絡を行っている	必要に応じて△町への相談に同行するなど母に提案していく	有 (無)	有 (無)	有 (無)	
母の仕事や急用などのときは日中一時支援を利用することができているが、平日になると小学校を休まないといけない状況になってしまっている	生活環境や母のニーズから考えて、サービスの利用の仕方や他のサービス導入(特例での移動支援など)の検討などが必要である	有 (無)	有 (無)	有 (無)	町と協議して移動支援や放課後等デイサービスを検討していく必要あり

一時支援(看護師が導尿可)を利用する際の送迎に関する協議を行うことで、よりスムーズな日中一時支援の利用入ることになった。

3. 学童期の関係機関の連携の中での親子への寄り添いと発達支援

1) 事例の概要

【氏　　名】Cくん（男児）
【年　　齢】7歳
【障 害 名】ソトス症候群、知的障害
【障害程度】療育手帳B　IQ60台
【家族構成】母親・妹・祖父母（協力あり）
【生 活 歴】　生後6か月頃より発達の遅れが気になっており、検診の際に保健師に相談した経緯がある。2歳時に「ソトス症候群[4]」と診断される。その後間もなく両親の離婚により県外の母親の実家のある市に転居し、2歳半頃より市で行っている親子療育教室に週に2回参加する。年中・年長の2年間は親子教室と並行して保育園に通園して集団の中での保育を受ける。簡単なやりとりを理解し音楽活動やほかの児童と関わることが好きで、地域の小学校に入学、特別支援学級に在籍し、放課後は（母親がフルタイムの仕事を始める）放課後児童クラブで過ごすことになる。学級の中では担任との相性もよく学習場面でも着席して課題に取り組むことができる力をもっている。

2学期後半から登校を渋り始めたことから相談が入る。学校や学童クラブでの様子を確認し、放課後の過ごし方に課題があることがわかり、放課後等デイサービスの利用に向けた支援を開始する。

2) 事例のポイント

　障害の告知後間もなく両親が離婚し、母親の実家のある市に帰郷し新しい生活を始めている。祖父母の援助があるとはいっても、障害のある幼い子どもとその妹を抱えての生活を始めた大変な時期に、理解ある保育園や療育教室との出会いが母親を支えたことは間違いない。就学をきっかけに療育手帳を取得したことや相談支援事業所と出会い、サービスについての情報を得ていたことで、新たな課題が出てきたときに悩みを一人で抱え込まず相談できたことはよかったと思う。しかし、一方では放課後学童クラブで加配の職員を入れていたにもかかわらず、本児に適切な支援ができなかったことについてはサポート不足を痛感している。本児の不適応の状態は母親にとってはショックであり、学童クラブに対する不信感を抱くことにもなった。本児の発達の支援と母親支援の重要性とともに、地域の各関係機関のつなぎの部分での課題への対応が後手になってしまうことのダメージの大きさを肝に銘じる必要がある。

---

[4] ソトス症候群：胎生期・小児期に、顕著な過成長、特徴的な顔貌、知的障害が中核となる3症状のほか、行動障害、先天性心奇形、脊柱側彎、てんかん発作など多様な症状を来す常染色体優性遺伝性疾患である。別名、脳性巨人症とも呼ばれる。

学校等との連携が必要な児への支援

Q 学齢児への支援の場合、学校などとの連携が不可欠になると思いますが、相談支援事業の存在や支援計画そのものがまだまだ知られていません。どのように周知し理解を求めていけばよいのでしょう？

A 保護者から学校に制度の説明をするのはなかなか難しいと思われます。保護者の了解を得たうえで、相談支援専門員ができれば教育委員会や学校長への制度説明をていねいに行い、特別支援教育コーディネーターや担任と面談することが必要です。学校、事業所、行政、保護者、相談支援事業所が集まって支援会議を開催するのが望ましいのですが、難しい場合は相談支援専門員がそれぞれの機関に出向いてつないでいく必要もあります。地域によっては教育委員会で設置している教育相談員が核になって学校訪問や保護者からの相談に対応してうまく機能している場合もありますので、連携し協働することが大切です。

なお、教育委員会や学校長を訪問するときには、学校等で作成する個別の教育支援計画等と障害児相談支援事業所で作成する障害児支援計画等が連携していくことが望ましい旨の通知（平成24年4月18日付事務連絡　127頁参照）が発出されていますので、この主旨に沿ってきたことを説明するといいでしょう。

Cくんの現状（基本情報）

作成日	平成〇年〇月〇日	相談支援事業所名	相談支援事業所〇〇	計画作成担当者	□□　△〇

1．概要（支援経過・現状と課題等）

　生後6か月頃から発達の遅れが気になっており健診の際に保健師に相談した経緯がある。1歳を過ぎた頃より発達の経過を見てもらっている。2歳時に「ソトス症候群」と言われた。その後まもなく両親の離婚に伴って母親の実家のあるH市に転居し、母子3人での生活となる。母は実家の自営業を手伝いながら子育てをしている。祖父母の協力も得られている。2歳半頃より市で行っている親子教室に週2回参加して療育支援を受ける。年中（4歳）、年長（5歳）の2年間は親子教室と併行して保育園に通園、園全体で本人に対する理解と配慮がされており、見守られながら楽しい園生活を送り卒園を迎える。幼稚園に通園する頃には週に1回音楽教室に通い始める。就学を機に療育手帳を取得し、この頃に市役所を通して相談支援事業所に初回の相談がある。就学後は特別支援学級に在籍し療育手帳を取得していることで放課後児童クラブの職員の加配もつくことになり、利用することになった。

　就学を目前にし、親子療育教室のスタッフからは「放課後児童クラブは児童の人数も多く、本人にとってはどうだろう」という助言もあり、就学時には放課後等デイサービス事業所の見学もしているが、母親の希望もあり放課後児童クラブの利用を選択する。

　就学後は市の教育委員会が設置する教育相談室の教育相談員と連携し学校での様子を確認していた。特別支援学級では教師との相性もよく、学習の場面もある程度の時間は着席して課題に取り組むこともでき、学校の行事も楽しんで参加することができていた。2学期が終盤にさしかかったあたりに、母親から「本人が登校を渋るようになってきた」という相談が入る。学校そのものというよりは、放課後児童クラブでの時間が本人にとっては苦痛で、母親に対し「早く迎えにきてほしい」という訴えもあった様子。教育相談員とも同行して学校や放課後の学童クラブでの本人の様子を確認し、母親に児童クラブへの支援も可能と伝えるが、放課後等デイサービスで伸び伸びと過ごさせたい、という希望がありサービス利用支援を開始。

2．利用者の状況

子どもの名前	〇△　□	生年月日	平成〇年〇月〇日	年　齢	7歳
住　所	〇〇市〇〇区〇△1丁目〇番地			電話番号	00-000-0000
				FAX番号	00-000-0000
愛称	Cくん	手帳の有無	有・無	性別	男・女

発達の状況（主に家族から聴取した情報）	医療の状況　※受診科目、頻度、主治医、疾患名、服薬状況等
●運動面 　不器用さはあるが歩いたり走ったりすることに問題はない ●生活の様子 　食事：着席可。箸を使用している 　排せつ：排便後のふき取りが不完全だが、それ以外は自立 　着脱：自立。身だしなみには無頓着 　睡眠：問題なし 　学習：IQ62。集中力に欠ける。簡単な読み書きは可	●既往歴 　低酸素症 ●健康状態 　良好 ●かかりつけ医 　〇〇療育センター 　服薬あり（朝・夕）

- ●コミュニケーションの様子
  二語文程度。指示理解は概ね良好。社交的
- ●その他
  好きなこと：お手伝い。音楽活動
  好きなもの：車や電車

生活歴　※受診歴等含む	家族構成
・生後6か月頃から発達の遅れが気になるようになる。 ・10か月時低酸素症で県立病院に10日間入院する。けいれんを起こしやすく、脳波検査の結果を見て予防的に服薬するようになる。 ・1歳を過ぎても発達の遅れが見られ、保健師の勧めで○○療育センターを受診し発達の経過をみてもらう。2歳時に「ソトス症候群」と診断される。 ・2歳半時両親の離婚に伴い母親の実家に近い地域に転居する。 ・3歳時から保育園と併行して親子参加型の療育教室に週1回通う。 ・小学校入学（特別支援学級）と同時に放課後児童クラブの利用を開始する。	3人家族 ※祖父母（母方）は近所に居住

子どもの発達の評価(今後の発達課題)	家族の主訴（意向・希望）
・興味対象によって集中力に欠ける。 ・他のこどもとのコミュニケーションのとり方。（ルールの理解） ・基本的生活習慣の確立。	・いろいろな人と関わってよいところを伸ばしてあげたい。 ・本人らしく元気で生活してほしい。 ・将来のことが不安。

3．支援の状況

	名称	提供機関・提供者	支援内容	頻度	備考
公的支援（障害福祉サービス、介護保険等）	・放課後児童クラブ			月～金	
その他の支援	・音楽教室 ・アートサークル	・音楽療法士 ・○○支援センター	・活動の提供 ・親子の集まり	・2回／月 ・1回／月	・ピアカウンセリング

サービス等利用計画・障害児支援利用計画　様式6

利用者氏名（児童氏名）	Cくん（8歳）	障害支援区分	－
障害福祉サービス受給者証番号		利用者負担上限額	○○○○円
地域相談支援受給者証番号	－	通所受給者証番号	○○○○○○○○○○

計画作成日	平成○年4月1日	モニタリング期間（開始年月）	3か月（平成○年○月）

利用者及びその家族の生活に対する意向（希望する生活）	（母） ・いろいろな人と関わりながらよいところを伸ばしてあげたい。 ・本人らしく元気で生活してほしい。　・将来のことが不安。
総合的な援助の方針	障がいの特性や発達のレベルに合わせた支援を受けるなかで、社会性を身に
	長期目標	いろいろな人との関わりのなかで社会的なルールを知るとともに、自分で
	短期目標	発達の特性に合った支援を受けることで、楽しい学校・家庭生活を送れるよう

優先順位	解決すべき課題（本人のニーズ）	支援目標	達成時期	福祉サービス等 種類・内容・量（頻度・時間）	
1	いろいろな人と関わりながらいいところを伸ばしてあげたい（母）	活動の中でのルールや予定をわかりやすく伝えコミュニケーションをうまくとれるようになる	平成○年○月	・小学校特別支援学級 ・放課後等デイサービス （月～金・週5日）	
2	本人らしく元気で生活してほしい（母）	健康管理をしながら好きなこと・得意なことができるようになる	平成○年○月	・医療機関（1回／月） ・小学校特別支援学級 ・音楽教室（2回／月）	
3	将来のことが不安（母）	社会資源を知り、不安なことをいつでも相談できる	平成○年○月	・アートサークル（1回／月） ・相談支援事業（随時）	
4					
5					

	相談支援事業者名	○○
	計画作成担当者	○△　□□

	利用者同意署名欄	○○　△△

つけながら自信をもって楽しい学校・地域生活を送ることができるように援助していきましょう。

きることが増える。

になる。

福祉サービス等	課題解決のための本人の役割	評価時期	その他留意事項
提供事業者名（担当者名・電話）			
○○放課後等デイサービス事業所 （○○サービス管理責任者・ ○○－○○○○）	家庭の中で役割を見つける	平成○年○月	関係機関で連携をする
○○療育センター（○○Dr） ○○音楽教室（○○音楽療法士）	定期的に受診する	平成○年○月	音楽教室の発表会へ参加する
・親子の会（会の世話人○○さん） ・相談支援事業所（相談支援専門員）	・親子の会に定期的に参加する（母） ・不安なことはその都度相談する（母）	平成○年○月	母親同士のピアカウンセリングを活用する

第4章　～児童期特有の課題への対応～4つの事例から～

サービス等利用計画・障害児支援利用計画【週間計画表】　様式7

利用者氏名（児童氏名）	Cくん	障害支援区分	－
障害福祉サービス受給者証番号		利用者負担上限額	○○○○円
地域相談支援受給者証番号	－	通所受給者証番号	○○○○○○○○○○

計画作成日	平成○年11月1日

	月	火	水	木
6:00	起床・朝食	起床・朝食	起床・朝食	起床・朝食
8:00	登校	登校	登校	登校
10:00	○○小学校特別支援学級	○○小学校特別支援学級	○○小学校特別支援学級	○○小学校特別支援学級
12:00				
14:00	放課後等デイサービス事業所	放課後等デイサービス事業所	放課後等デイサービス事業所	放課後等デイサービス事業所
16:00				
18:00	夕食	夕食	夕食	夕食
20:00	入浴・就寝	入浴・就寝	入浴・就寝	入浴・就寝
22:00				
0:00				
2:00				
4:00				

サービス提供によって実現する生活の全体像	放課後等デイサービス事業と相談支援事業のサービスを利用し、Cくんの特性に合った支援を受ける支援事業所が連携をとり、将来に向けた情報を収集して保護者に提供し一緒に考える体制をとること

	相談支援事業者名	○○
	計画作成担当者	○△　□□

	金	土	日・祝日	主な日常生活上の活動
	起床・朝食	起床・朝食	起床・朝食	[月～金曜] ・○○小学校特別支援学級 ・放課後は放課後等デイサービス事業所で過ごす。 ・帰りは自宅近くの祖父母宅に送ってもらい、母の迎えを待つ。 ・家では「機関車トーマス」や車のDVDを観て過ごす。 ・食事準備のお手伝いも好き。 [土曜日]（隔週） ・音楽教室に通う。 [日曜日] ・妹と母と一緒に過ごす。
	登　校			
	○○小学校特別支援学級	音楽教室	家族で過ごす	
	放課後等デイサービス事業所			週単位以外のサービス
				・小児科受診（経過観察のため） ・アートサークル（親子アートワークショップ）　1／月
	夕　食	夕　食	夕　食	
	入浴・就寝	入浴・就寝	入浴・就寝	

ことで安心感をもって生活ができ、基本的生活習慣の確立に向けた取り組みができる。また、家庭と学校・相談で、ある程度見通しをもった子育てができる。

モニタリング報告書（継続サービス利用支援・継続障害児支援利用援助）

利用者氏名（児童氏名）	Cくん	障害支援区分	－
障害福祉サービス受給者証番号		利用者負担上限額	○○○○円
地域相談支援受給者証番号	－	通所受給者証番号	○○○○○○○○○○

計画作成日	平成○年4月1日	モニタリング実施日	平成○年10月1日

総合的な援助の方針
障害の特性や発達のレベルに合わせた支援を受けるなかで、社会性を身につけながら自信をもって楽しい学校・地域生活を送ることができるように援助していきましょう。

優先順位	支援目標	達成時期	サービス提供状況（事業者からの聞き取り）	本人の感想・満足度	
1	活動の中でのルールや予定をわかりやすく伝えコミュニケーションをうまくとれるようになる	平成○年○月	放課後等デイサービスを週3回利用している 新しい環境にも慣れ、「楽しい」ということばも聞かれるようになってきた。友だち関係も良好で、大好きな電車の話になると目を輝かせている	サービス利用をきっかけに学校や家庭での生活が落ちついてきた。当初週5回の利用を考えていたが、疲れも見えたので今は週3回くらいがちょうどよいと感じている	
2	健康管理をしながら好きなこと・得意なことができる場を設定する	平成○年○月	定期受診をしている 週1回音楽教室に通っている 音楽教室では、太鼓に興味をもち、リズムに合わせて力強く演奏している。カスタネットなどの他の打楽器にも興味があるようだ	体調を崩すこともなく学校や放課後等デイサービスに通うことができている 音楽教室の発表会が12月にあるので、そこに向けて頑張っている	
3	社会資源を知り、不安なことをいつでも相談できる	平成○年○月	月1回程度アートサークルに参加している 絵画活動が好きで、サークルに来ると自分で進んで準備を始め、活動に取り組み、完成すると満足そうな表情を見せてくれる	小さなことも相談できる仲間ができて安心感がある	

〈モニタリングの結果〉
　放課後等デイサービス事業と相談支援事業のサービスを利用し、Cさんの特性に合った支援を受けることで安心
　また、家庭と学校・相談支援事業所が連携をとり、将来に向けた情報を収集して保護者に提供し一緒に考える体
　放課後等デイサービスの利用を無理のない週3回とし家庭で過ごす時間も確保する。

	相談支援事業者名	○○
	計画作成担当者	□□　△○

	利用者同意署名欄	○○　△△

全体の状況

放課後等デイサービスを週5回利用している。学校や家庭での生活もだいぶ落ち着いてきている。母も学校を含めた子育てのさまざま心配事を相談できる仲間ができている。住居の転居をしなければならない状況が出てきて、いずれは転校も、と考えると少し不安もある。
放課後等デイサービスの利用を無理のない週3回とする。

支援目標の達成度 (ニーズの充足度)	今後の課題・ 解決方法	計画変更の必要性			その他留意事項
		サービス種類の変更	サービス量の変更	週間計画の変更	
家庭以外で本人が安心して過ごせる場ができたことで本人も母親も安定している	本人の状況や母親の仕事の関係を見ながら利用回数を変更していく	有 (無)	有 (無)	(有) 無	今後の学校での悩みごとに対応できるように市の教育相談室の相談員とも連携をとっていく
目標をもって生活することができている	受診、音楽教室を今のペースで継続する	有 (無)	有 (無)	有 (無)	
相談支援専門員やピアカウンセリング(サークル仲間)の存在による安心感がある	無理せず可能な限りの参加	有 (無)	有 (無)	有 (無)	

感をもって生活ができ、基本的生活習慣の確立に向けた取り組みができている。
制をとることで、ある程度見通しをもった子育てができる。

第4章　〜児童期特有の課題への対応　〜4つの事例から〜

4．体調不良から医療的ケアが必要となった ダウン症児の発達支援と家族支援

1）事例の概要

【氏　名】　Dくん（男児）

【年　齢】　3歳1か月

【障害名】　ダウン症候群、右高度難聴、左中等度難聴、無呼吸発作、両停留精巣

【障害程度】身体障害者手帳1級（肢体不自由1級、聴覚障害6級）

【家族構成】両親。父自営業で海外出張多い。母方祖父母、母の姉の協力あり。

【生活歴】　総合病院にて出生後、顔貌より染色体異常を疑われ、検査の結果、21トリソミー（ダウン症候群）と診断される。新生児聴覚検査で難聴を疑われ、今後の発達支援のため児童発達支援センター紹介となる。児童発達支援センター外来通院。1歳8か月に中枢性呼吸障害の診断を受け、夜間在宅酸素、24時間モニター装着。以後も体調安定せず、入退院を繰り返し、通院以外の外出が困難となる。母親は本児と2人で過す時間が多くなり、ストレスは高くなる一方であった。この頃、障害児等療育支援事業による理学療法士、保育士、看護師の派遣を開始。

　2歳9か月時に呼吸困難となりICU入院。気管切開、人工呼吸器管理となる。2か月後には胃瘻造設術も施行。入院4か月後に退院の検討が始まる。入院先の病院ソーシャルワーカーと共に退院に向けた準備を始めた。

2）事例のポイント

　医療的ケアが必要な子どもと家族の支援では、支援に関わる医療、福祉、行政関係者と家族を交えた綿密な事前の打ち合わせが計画作成上で重要となる。訪問看護ステーションや障害児等療育支援事業など障害児支援利用計画には直接結びつかないサービスが中心になることも多い。また、医療関係者との連携の機会も必然的に増加する。相談支援専門員一人で抱え込むことなく、多職種のチームで支援することが望まれる。幼児期は体調が安定しない時期でもあり今後も大幅な計画変更が予測される。そうした事態に備えて、頻回なモニタリングは欠かせない。また、重症心身障害児の支援は、家族（介護者）の介護軽減に支援の比重がかかることが多い。しかし、児の発達や生活に着目した計画を作成し、家族（介護者）がその成長を実感できるよう支援することも重要である。障害児相談支援に関わる相談支援専門員は、子どもの成長こそが家族の精神的な支えとなり、重要な家族支援となることを忘れないようにしたい。

医療機関等との連携が必要な子どもへの支援

Q 重症心身障害児の在宅支援では、医療に熟知した対応が必要ですが、専門性の担保や医療関係者との連携はどうすればよいでしょうか？

A 医療機能を有する障害児等療育支援事業所が地域にあれば看護師、理学療法士、作業療法士などの専門職の派遣を依頼し、協働してアセスメントや在宅支援に参加してもらい、医療関係者とのパイプ役も担ってもらうことが可能です。困難であれば、病院から在宅への退院支援の場合、訪問看護ステーションの退院前関与などを活用して入院中から医療専門職に関わりをもってもらうことでともに退院後の支援を計画することもできます。また、重症心身障害児の通院先の医療機関を訪問するなどして、必要なときに医療スタッフからアドバイスをもらえるような関係をつくることも大切です。他には、保健センターの保健師に児童相談所の嘱託医に一緒に相談に行ってもらうなど、活用できそうな地域の機関を巻き込んでいくことが、地域の支援力を高めていくことにつながります。不足する専門性は、さまざまな専門家や専門機関と協働することによって担保できるよう連携を広げましょう。

Dくんの現状（基本情報）

作成日	平成○年○月○日	相談支援事業所名	相談支援事業所○○	計画作成担当者	□□　△○

1．概要（支援経過・現状と課題等）

　総合病院にて出生後、顔貌より染色体異常を疑われ、検査の結果、21トリソミー（ダウン症候群）と診断される。新生児聴覚検査で難聴も疑われ、今後の発達支援のため療育センター紹介受診となる。以後、作業療法、耳鼻科に通院。1歳8か月時中枢性呼吸障害の診断を受け、夜間在宅酸素、24時間モニター装着となる。その後、障害児通園入園するも体調が安定せず数回の通園に留まる。その後、体重減少や誤嚥性肺炎で入退院を繰り返し、経管栄養となる。2歳より酸素使用、アンビューバッグの常時携帯が必要となる。また、無呼吸発作が頻回に出現するようになる。母親は本児と2人きりで過す時間が多くなる。父親も仕事柄出張が多く家をあけることも多い。そのため母親のストレスは高くなる一方であった。母親は外部との接触ができる唯一の機会として障害児通園復帰への希望が強かった。しかし、児の状態に配慮して、障害児等療育支援事業の訪問療育指導事業による専門職派遣を開始。

　2歳9か月時、自宅にて呼吸困難に陥り、救急搬送。気管切開、人工呼吸器管理となる。さらに胃ろう造設となる。歩行器歩行まで獲得するなどその成長を喜んでいた母親は、状態の悪化に対して、精神的にかなり落ち込んでいる様子であった。そのため、理学療法士、看護師などが、病室訪問を繰り返して母親の話を聞き、病院からの医療情報収集にも努めた。入院4か月を経過し退院の検討が始まる。母親の不安を除去しながら、どのような家庭生活を組み立てるかについて準備開始。家庭生活を想定して、児の発達支援、入浴、通院時の移送、介護者の休息、福祉用具の準備、医療機器のメンテナンスなどさまざまな情報を整理し、想定されるサービス提供先との事前調整を行った。あわせて行政窓口にも状況説明を行い、そのうえで入院先の病院ソーシャルワーカーと退院前の個別支援会議を設定した。

2．利用者の状況

子どもの名前	○△　□	生年月日	平成○年○月○日	年　齢	3歳1か月
住　　所	○○市○○区○△1丁目○番地			電話番号	00-000-0000
				FAX番号	00-000-0000
愛称	Dくん	手帳の有無	身障　肢体不自由1級　聴覚障害 6級	性　別	㊚・女
発達の状況（主に家族から聴取した情報）			医療の状況　※受診科目、頻度、主治医、疾患名、服薬状況等		
●運動面 　頭部正中位保持可、座位での頭部垂直位保持10秒程度、手の届く範囲のものを握ったり叩いたり可、筋力弱い、関節可動域制限あり ●生活の様子 　音の出る玩具や楽器遊びで叩く動作ができる。人や物への関心があり、「上手」の声かけで笑顔が出る。 ●コミュニケーションの様子 　手遊び歌や動くおもちゃで笑顔になる。嫌なことには顔を歪めるなど表情での表現ができる			●既往歴 　ダウン症候群、右高度難聴、左中等度難聴、無呼吸発作、両側停留精巣、気管支炎 ●健康状態 　単純気管切開、人工呼吸器管理、胃ろう（経管栄養） ●かかりつけ医 　公立病院小児科、療育センター整形外科、耳鼻科		

生活歴　※受診歴等含む	家族構成
・38週2,762ｇ吸引分娩で出生。出生後黄疸強く光線療法 ・顔貌より染色体異常を疑い検査し、21トリソミーと診断 ・新生児聴覚検査にて難聴疑い。今後の療育を含め療育センター紹介 ・生後2か月　療育センター受診　以後外来通院。 ・1歳8か月　体調不良にて公立病院入院　中枢性呼吸障害と診断され夜間在宅酸素・24時間モニター管理となる ・1歳10か月　障害児通園入園するも体調安定せず2～3回登園に留まる ・体重減少、誤嚥などのため約2か月の入院。退院後モニター装着、酸素・アンビューの常時携帯が必須となる。以後、体調安定まで障害児等療育支援事業の訪問療育 ・2歳9か月　自宅で呼吸困難になり公立病院に救急搬送。単純気管切開、胃ろう造設術施行。24時間人工呼吸器管理となる	3人家族 ※父親は自営業で多忙。海外出張も多い。 ※母方祖父母、母の姉が買物等協力あり。

子どもの発達の評価(今後の発達課題)	家族の主訴（意向・希望）
当初は、歩行器での移動も可能であった。表情だけでなく、発声による感情表現もできていた。表情は入院以前同様に笑顔や不快な表情など示すが、全体の活性は落ちた印象がある。入院生活による影響も考慮されるため変形、拘縮を予防し、体調に配慮しながら活性を高める働きかけが求められる。	・リハビリを受けたい ・児が楽しめることを増やしたい ・判断に迷ったときに適切にアドバイスしてくれる人がほしい ・介護疲れの際に一時的に休息できる方法を確保したい

3．支援の状況

	名称	提供機関・提供者	支援内容	頻度	備考
公的支援（障害福祉サービス、介護保険等）	障害児等療育支援事業	○○療育センター 理学療法士 保育士　看護師	訪問療育	各職種1回／2週	
その他の支援					

サービス等利用計画・障害児支援利用計画　様式6

利用者氏名（児童氏名）	Dくん（3歳1か月）	障害支援区分	－
障害福祉サービス受給者証番号	○○○○○○○○○○	利用者負担上限額	○○○○円
地域相談支援受給者証番号	－	通所受給者証番号	－

計画作成日	平成○年□月△日	モニタリング期間（開始年月）	3か月（平成○年○月△日）

利用者及びその家族の生活に対する意向（希望する生活）	（両親） ・安心して家庭生活が送れるように新たに加わった医療的ケアを自信をもって ・今までできていたことが再び出来るように発達を促進したい（母） ・本人が楽しめることを増やしたい（母） ・長く介護に関わっていけるように時々は休息の機会がほしい（母） ・健康状態が安定すれば同年齢の子どもたちと関われる機会がほしい（母） ・不安や悩みを聞いてもらえる相談相手がほしい（母）
総合的な援助の方針	Dくんの健康を確保し、家族が子育てを楽しみながらDくんの生活経験を広
長期目標	家庭だけでなく、外出や通所等生活環境を広げ、さまざまな人と関われる機会
短期目標	親子ともに生活リズムを確立し、精神的にゆとりのもてる生活を確立しましょ

優先順位	解決すべき課題（本人のニーズ）	支援目標	達成時期	福祉サービス等	
				種類・内容・量（頻度・時間）	
1	体調がよいときはできるだけ風呂に入れたい（母）	本人の体調に配慮しながら安全に入浴できるよう援助する	平成○月△日	訪問看護ステーション（毎日）	
2	少しでも発達を促がしたり、楽しめることを増やしていきたい（母）	RoM訓練や呼吸リハに加えさまざまな姿勢をとる練習をします。本人が喜ぶことを探し表情や反応を引き出します	平成○月△日	・障害児等療育支援事業1回/2週（訪問療育指導事業）	
3	通院時に発作などを起こす心配があり、安全に通院をしたい（母）	安全に通院できるよう、当面は訪問療育の看護師も同行しながら移送手段を確立します	6か月	・障害児等療育支援事業1回/週（訪問療育指導事業） ・居宅介護(通院乗降介助)1回/週 ・福祉有償運送1回/週	
4	児の体調や医療的ケアに対する不安に対していつでも相談できる体制がほしい（母）	安心して子育てを楽しめるよう児の状態を確認しながら関係機関と協働した相談体制をつくります	随時	・障害児等療育支援事業1回/週（訪問療育指導事業） ・障害児相談支援事業（適宜）	
5	介護者が休息できる時間がほしい（母）	安心して預けられるよう利用を練習していきます	随時	・短期入所事業 ・日中一時支援事業	

	相談支援事業者名	○○○
	計画作成担当者	□□ □□

	利用者同意署名欄	○○ △△

行えるようになりたい（母）

げていけるよう医療、福祉関係機関と協働して支援します。

をつくりましょう。

う。

福祉サービス等	課題解決のための本人の役割	評価時期	その他留意事項
提供事業者名（担当者名・電話）			
○○訪問看護ステーション看護師	家族も手技や安全配慮を身につけられるように取り組む（父母）	平成○年○月△日（半年後）	
・療育センター 　理学療法士、保育士	家族にもできるストレッチや姿勢管理、遊びを学び日常的に取り組む（父母）	平成○年○月△日	理学療法については適切な時期に訪問リハビリテーション提供事業所の紹介、引継ぎを行う
・療育センター看護師 ・○○居宅介護事業者 ・福祉有償運送事業者	安全に通院する中でいざというときの対処を身につける（父母）	平成○年○月△日	
・療育センター ・看護師 ・相談支援専門員	日常の児の状態観察を記録する（父母）	平成○年○月△日	訪問看護ステーションと療育センター看護師が定期的に情報交換できる環境を確保
・療育センター ・□△日中一時支援事業所	児の日常が適切に伝えられるように準備しましょう（父母）	平成○年○月△日	療育センター以外にも医療的ケアの可能な事業所を複数確保

第4章 〜児童期特有の課題への対応〜4つの事例から〜

サービス等利用計画・障害児支援利用計画【週間計画表】　様式7

利用者氏名（児童氏名）	Dくん（3歳1か月）	障害支援区分	－
障害福祉サービス受給者証番号	○○○○○○○○○○	利用者負担上限額	○○○○円
地域相談支援受給者証番号	－	通所受給者証番号	

計画作成日	平成△年4月1月

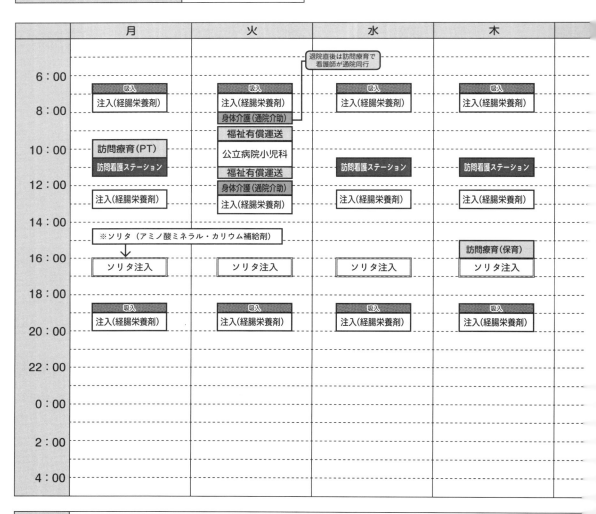

サービス提供によって実現する生活の全体像	訪問看護ステーションと訪問療育の看護師を活用することで、児の体調が安定し介護者が自信をもつ　保育士の派遣で機能の維持・向上と楽しみのある子育てができる。

	相談支援事業者名	○○
	計画作成担当者	□□　□□

	金	土	日・祝日	主な日常生活上の活動
				体調がよければ週末家族でドライブ
	吸入 注入(経腸栄養剤)	吸入 注入(経腸栄養剤)	吸入 注入(経腸栄養剤)	
	訪問看護ステーション 注入(経腸栄養剤)	訪問看護ステーション 注入(経腸栄養剤)	訪問看護ステーション 注入(経腸栄養剤)	
				週単位以外のサービス
	ソリタ注入	ソリタ注入	ソリタ注入	・療育センター ・整形外科（1回/3～4か月） ・耳鼻科・ST（1回/2週）
	吸入 注入(経腸栄養剤)	吸入 注入(経腸栄養剤)	吸入 注入(経腸栄養剤)	

て医療的ケアが実施できる。医療的不安や悩みを介護者が抱え込まない環境ができる。訪問療育の理学療法士や

第4章　～児童期特有の課題への対応～4つの事例から～

モニタリング報告書（継続サービス利用支援・継続障害児支援利用援助）

利用者氏名（児童氏名）	Dくん	障害支援区分	－
障害福祉サービス受給者証番号	○○○○○○○○○○	利用者負担上限額	○○○○円
地域相談支援受給者証番号	－	通所受給者証番号	

計画作成日	平成○○年□月△日	モニタリング実施日	平成○○年△月□△日

総合的な援助の方針
Dくんの健康を確保し、家族が子育てを楽しみながらDくんの生活経験を広げていけるよう医療、福祉関係機関と協働して支援します。

優先順位	支援目標	達成時期	サービス提供状況（事業者からの聞き取り）	本人の感想・満足度	
1	本人の体調に配慮しながら安全に入浴できるよう援助する	平成○年○月○日	体調は安定している。退院後も体調不良で入浴を中止することもなく毎日入浴できている	発汗が多く、毎日入浴できることは本人もうれしいと思う。家族としても満足している（母）	
2	RoM訓練や呼吸リハに加えさまざまな姿勢をとる練習をします。本人が喜ぶことを探し表情や反応を引き出します	平成○年○月○日	退院直後から児が落ち着かない様子で睡眠リズムも崩れている。リハや保育の時間に眠っていることも多い	家庭でできる関わりやリハが行え、疑問もすぐに解決できるので安心（母）	
3	安全に通院できるよう、当面は訪問療育の看護師も同行しながら移送手段を確立します	6か月	通院自体に大きなトラブルは発生していない。母親の通院準備の手順をもう少し効率的になるよう工夫が必要だと思う	看護師が同行することで通院のための準備や移動中に児の体調に変化が起きないかなどの不安が緩和される（母）	
4	安心して子育てを楽しめるよう児の状態を確認しながら関係機関と協働した相談体制をつくります	随時	睡眠リズムが安定しないことや朝夕の注入で胃残に血液が混じることへの不安の訴えがある	専門家の介入が日々あることで手技や児の様子などについての助言がもらえ安心感がある（母）	
5	安心して預けられるよう短期入所等の利用を準備していきます	随時	現在は家庭生活のペースづくりに専念しているため積極的な調整は控えている。今後状況や訴えを聞きながら日中一時支援や短期入所事業所の情報提供を進める	今のところは家で安定して過ごすことで精いっぱい。他人に預けることは不安に思う。最近は父親も積極的に手伝ってくれることがうれしい（母）	

〈モニタリングの結果〉
　モニタリングを行った結果、想定していたよりも体調は安定していた。ただ、退院前には問題とされていなかっ
　そこで理学療法士と保育士が一緒に訪問する機会を増やし、覚醒を促す動的な活動を児に無理のない範囲で取り

	相談支援事業者名	○○
	計画作成担当者	□□　△○

	利用者同意署名欄	○○　△△

全体の状況
体調は安定しており再入院などの事象は発生していない。訪問看護ステーションの頻回な介入により入浴や健康管理の面で少しずつ生活ペースができ始めている。また、理学療法士や保育士の介入による発達支援も進められ家族にも取り組めるプログラムが提供されている。児の睡眠リズムの乱れや注入の胃残物への血液混入等母親の不安が解消されていない部分もあるが、父親の積極的な協力など以前より好転していることもあり、母親の表情も少しずつ明るくなっている。

支援目標の達成度（ニーズの充足度）	今後の課題・解決方法	計画変更の必要性			その他留意事項
		サービス種類の変更	サービス量の変更	週間計画の変更	
看護師と共に入浴をさせることで体調管理もでき安心である	母親だけだなく父親にも入浴手技を実践してもらう機会をつくる	有・(無)	有・(無)	有・(無)	
もう少し生活が安定してきたら通園の利用を考えたいとの希望がある	睡眠のリズム不整に対して、日中の覚醒時間を増やすためPT、保育士の活動内容や訪問頻度、訪問時間を再考する	有・(無)	(有)・無	有・(無)	通園については児の体調などを十分に考慮し慎重に進める必要がある。主治医の判断を確認すること。
児の体調が安定し、母親自身が通院準備等の段取りに慣れてくれば看護師の同行は不要になる	通院準備の手順書を作成して母親とともに確認し、自信をもって通院できるよう働きかけていく	有・(無)	有・(無)	有・(無)	
専門家が日々訪問してくれることで日常の不安や疑問の解消ができる	関係機関との情報共有のために定期的な会議に加え、日常の情報を交換できるノートを作成する	有・(無)	有・(無)	有・(無)	
母親の気持ちに余裕がないので、関係者が母親の疲労度などを推し量りながら短期入所事業所の見学などを進めていく	情報提供がいつでもできるよう医療的ケアに対応可能な事業所リストを準備しておく	有・(無)	有・(無)	有・(無)	

た本人の睡眠リズム不整が退院直後から続いており、母親も少々睡眠不足に陥っていた。
入れるようプログラムと訪問頻度を変更した。

疾病等により外出が困難な障害児に対する支援

Q 障害が重くて外出や通院、通園、通学などが困難な児童が在宅で利用できる制度を教えてください。

A 以下のような支援が受けられます。ただ、市町村によって制度の導入の有無や支給量に差がありますので注意が必要です。詳細は市町村窓口や教育委員会などに問い合わせてください。

疾病等により外出が困難な障害児に対する支援

	訪問教育	居宅訪問型保育	訪問看護	居宅介護
概要	障害が重度・重複していて特別支援学校等に通学困難な児童生徒に対し、教員が家庭、児童福祉施設、医療機関等を訪問して行う教育	保育を必要とする乳児・幼児であって満3歳未満のものについて、当該保育を必要とする乳児・幼児の居宅において家庭的保育者による保育を行う事業（3歳以上の幼児に係る保育の体制の整備の状況その他の地域の事情を勘案して、保育が必要と認められる幼児であって満3歳以上のものも対象）。 ※平成27年4月1日から子ども・子育て支援新制度の中で開始	疾病または負傷により居宅において継続して療養を受ける状態にある者に対し、その者の居宅において看護師等が行う療養上の世話または必要な診療の補助を行う	利用者が居宅において自立した日常生活または社会生活を営むことができるよう、入浴、排泄および食事等の介護、調理、洗濯および掃除等の家事並びに生活等に関する相談および助言その他の生活全般にわたる援助を効果的に行う
対象者	障害が重度・重複していて特別支援学校等に通学困難な児童生徒	保育の必要性の認定を受けた乳幼児のうち、障害、疾病等の程度を勘案して集団保育が著しく困難である等と認められた乳幼児	居宅において継続して療養を受ける状態にあり、通院困難な患者で、要介護と認定された者	障害支援区分1以上 障害児はこれに相当する心身の状態である者
訪問者	特別支援学校の教員	家庭的保育者1人につき乳幼児1人 ※家庭的保育者が保育士や看護師（准看護師含む）である場合には加算あり	看護師、准看護師、保健師、助産師、理学療法士、作業療法士、言語聴覚士	介護福祉士、居宅介護職員初任者研修課程等の修了者など
利用日数等	児童の状態次第 （週3日、1回2時間程度）	保育の必要性の限度内で利用 ※月平均275時間程度（保育標準時間認定）または月平均200時間程度（保育短時間認定）	保険給付の対象となるのは通常週に1～3回まで。1回の訪問は30～90分基本	認定次第

column

新たな訪問型事業
［居宅訪問型児童発達支援］
の登場

　本書の編集が最終段階にさしかかっていた平成28年5月25日の参議院本会議で、「障害者の日常生活及び社会生活を総合的に支援するための法律（障害者総合支援法）及び児童福祉法の一部を改正する法律案」が可決・成立しました。

　その改正児童福祉法において、家庭訪問による発達支援を目的とした「居宅訪問型児童発達支援」が登場しました（平成30年4月1日施行）。改正児童福祉法には、「居宅訪問型児童発達支援とは、重度の障害の状態その他これに準ずるものとして厚生労働省令で定める状態にある障害児であって、児童発達支援、医療型児童発達支援又は放課後等デイサービスを受けるために外出することが著しく困難なものにつき、当該障害児の居宅を訪問し、日常生活における基本的な動作の指導、知識技能の付与、生活能力の向上のために必要な訓練その他の厚生労働省令で定める便宜を供与することをいう。」とされており、居宅訪問が認められていなかった「保育所等訪問支援」の「穴」を埋める事業になることが期待されます。

　設置基準や人員配置基準などの詳細がまだ示されておらず、116頁にある「居宅訪問型保育」との役割分担や「重度の障害の状態」の定義も明確ではありませんが、児童発達支援が「訪問型支援」の時代に本格的に移行しようとしていることが実感されます。

　しかし、インクルージョンの時代における障害児相談支援の立場からは、「居宅訪問による支援」が重度障害児を家庭内にとどめてしまう結果になることは避けなければなりません。利用計画を作成する際には、この事業が「外出が困難な子どもの家庭訪問による発達支援」にとどまることなく、子どもたちの地域移行へのスタートとなる事業となるよう、通所支援や保育所・学校につなげていく方向性をもつことが必要です。

事例のまとめ

　幼児期・就学期・学齢期とステージごとの事例に、医療的ケアの必要な重症心身障害の事例を加え、児童期特有の課題をもつ4事例の障害児支援利用計画とモニタリングのモデル案を示した。

　乳幼児期には、「障害への気づきの時期の保護者支援」から始まり、「診断に向けた医療機関へのつなぎ」「（保護者の）障害の理解と受け入れへの支援」「発達支援機関へのつなぎ（障害児支援利用計画の作成）」や「地域の保育所・幼稚園への移行支援」に加えて、「障害児の誕生で揺らぐ家庭への支援」という課題がある。

　就学期には教育委員会や学校との連絡・連携が重要になるが、就学前には「通園施設との調整」「保護者の就学先希望の整理」「就学に向けた各種情報の収集と伝達」、就学後には「学校での状況確認」や「新たな支援ニーズの検討」などの移行期支援も不可欠である。

　学齢期には、保育所等訪問支援事業や障害児等療育支援事業などを利用した「充実した学校生活」への支援や、放課後児童クラブや放課後等デイサービスの利用などの「放課後活動支援」が重要な課題である。そして、思春期特有の課題（問題行動だけでなく自己アイデンティティの確立など）への対応や卒業後（成人期）に向けた準備も求められる。

　対象児に医療的ケアが必要となれば、「医療機関からの情報収集」「入院から在宅生活への移行支援」「家庭生活を支援する多職種連携の調整」などが相談支援専門員に求められる。児童発達支援センターへの通園や就学が課題となれば、さらに連携する機関は拡大する。

　人生の礎をつくる重要な時期であり、かつ本人・家族に関わる機関・職種が目まぐるしく変わる児童期において、相談支援専門員は障害のある本人だけでなく家族全体に寄り添う伴走者、ナビゲーターとして活動することが求められる。計画相談（障害児支援利用計画作成）の範囲にとどまらず、障害児相談支援事業に設定されていない「基本相談」として枠組みされる業務も含まれるが、障害児支援利用計画作成のためには避けて通れない業務であることを認識し、基幹相談支援センターや委託相談支援事業所、市町村などとも協力して業務を進めなければならない。

　障害児支援利用計画は、単なる障害児施策の利用計画書ではない。児童期という重要なライフステージにおける育ちや暮らしの設計図であり、地域の支援者が連携し継続した支援を提供していくための重要なツールである。

　本章では、ステージ毎の事例提示だけでなく、想定される課題をできるだけ多く取り入れて記載した。日常の相談支援業務に活用していただければ幸いである。

第5章

まとめ
これからの障害児相談支援
への提言

1．障害児相談支援事業の対象は「子ども」

「障害児」は子どもである。"それぞれの個性のある"、そして"発達し続ける"子どもである。

"disabled Child"（小さな障害者）ではなく"Child with disability"（障害のある子ども）として、一般の子どもと同様に、児童福祉法に基づいて成長・発達を保障され愛護されなければならない。障害児支援施策は、一般児童施策が十分に提供されたうえで、さらに子どもと家族の状況の的確な評価の下に過不足なくかつ適時性をもって提供される必要がある。その重責を担う事業が障害児相談支援事業にほかならない。

障害のある子どものそれぞれのニーズに対して、適切な福祉的支援や教育的支援、医療的支援などをコーディネートし充実した育ちと暮らしの基盤をつくる障害児相談支援事業は、横（地域ネット）の連携に根ざし、縦（ライフステージ）の連携を構築しながら、より注意深く設計され実行されなければならない。

2．基本相談の重要性と効果的な連携体制づくり

児童期の相談支援では、子どもの発達支援や家族支援に加えて地域との関係性にまで着目しながら、子どもと保護者双方の課題に対してきめ細やかに応じていくことが必要である。そのため、成人期以降の相談支援に比べても計画作成以外の一般的な相談支援である「基本相談」が一層重要となり、また業務に占める比率は極めて大きい。

とくに、保護者が子どもの発達に関する気づきや障害受容に向けて戸惑う時期の相談支援については、十分な時間と適切な期間を要する。子どもや自身を取り巻く現実を受け止めきれない保護者の気持や、将来の子育てや生活に対する不安にしっかりと寄り添いながら、発達を中心においた子どもの育ちを見通したアセスメントを行っていく過程が重要となる。障害児相談支援には位置づけられていないが、平成27年の報酬改定によって設けられた「初回加算」は、早期から相談支援専門員と家庭との信頼関係を十分につくり、子どもの育ちと家族を支える計画をつくる過程の重要性を評価したものであるといえる。

一方で、乳幼児期に障害児通所支援などの福祉サービスを利用していた家庭が、就学を機にいったん福祉サービスから離れてしまうケースも多い。このような場合、計画作成を中心的業務と考えている相談支援であれば、当面のサービス利用が不要になるため、その後のフォローアップが必要であっても、相談支援専門員との距離が離れてしまうことになる。しかし、子どもが成長していく過程で、子ども自身や家族の変化、あるいは子どもや家庭を取り巻く環境の変化により新たな課題が生じることも考えられる。その際、それ以前から関係性を築いていた相談支援専門員が、いつでも相談できる関係として存在していることは、保護者にとって大きな安心につながるだろう。

実際は、福祉サービスの利用を伴わない学齢期の長期にわたる相談は、現在の障害児相談支援に求められている業務内容からは大きく逸脱しているように見える。そのため、相談支援専門員が保護者との個人的な関係で行っている業務であると見られてしまい、相談支援専門員の孤立にもつながる危険がある。フォロー体制を維持・継続するためにも、現にサービスを利用していない家庭であっても、地域の相談支援体制のなかで関係者が常に気にかけ、情報を共有していられる仕組みを考えていくことが重要である。また、緊急時を想定して短期入所などの支給決定を受けておく必要がないかどうかを検討しておくことも大切である。

　相談支援専門員が保護者や子ども本人とはじめて顔合わせする段階では、すでに特定の障害児通所支援事業所の利用が決まっている場合も多い。また、障害児相談支援へつながるまでに保健師や障害児保育を担う保育士などが保護者との関係づくりに努め、子育てや子どもの進路といった不安や悩みに時間をかけて応じてきていることも少なくない。この場合、新たな支援者に子どもや家族の課題を繰り返し説明することや、事業利用に伴う契約行為などは、保護者にとっても大きな負担となる。加えて、相談支援専門員に相談のバトンがわたること自体が保護者にとっての負担や不安となる危険がある。そのため、障害福祉に携わる関係者のみならず、母子保健や医療、保育、教育、労働など、地域におけるさまざまな相談機能をもつ関係機関とのつながりを、常日頃から密にしておくことが必要である。

3．障害児等療育支援事業もふまえた重層的な支援体制づくり

　平成25年度厚生労働省障害者総合福祉推進事業「障害児通所支援の今後の在り方に関する調査研究」において、障害児相談支援が制度化されたことに伴う課題とあわせ、制度化によるメリットについても調査した。

　市町村において相談支援専門員が関わるようになり、「従来と比べよりていねいな相談支援が受けられる体制になったこと」「相談支援専門員がライフステージをつないでいく継続的な支援の担い手として期待できること」「これまで保護者を介して放射状に散っていることが多かった多様な支援者がチーム支援を行えるようになったこと」などが制度導入に伴う効果として明らかとなった。そして、継続的な支援を関係者や保護者（必要に応じて子ども）に可視化するツールとして、障害児支援利用計画（サービス等利用計画）が有効であることがあげられている。

　こうしたメリットをもちながらも、その体制づくりにおいて市町村格差が大きいこともまた障害児相談支援の大きな課題となっている。

　こうした背景の中で、基本相談に相当するきめ細かくていねいな相談支援や地域づくりを担ってきたのが障害児等療育支援事業である。

平成15年に国の補助金事業から一般財源化されて以降、すでに事業を廃止した都道府県もあり、制度的（財源的）な基盤が危うくなっているが、障害児相談支援とは異なり契約などの事前手続きが不要であることから、事業を継続する都道府県においては、子どもの遅れなどに対する「気づきの段階」から柔軟な手法により社会資源を確保しながら地域と家庭をつなぐ取り組みをしており、障害児相談支援事業では応じられない領域でも効果をあげている。

　障害児利用計画は相談支援（基本相談）を十分に行った結果見えてくる支援方針を共有するためのツールであり、それ自体が目的ではないことから、地域の相談支援体制を強化していくためには障害児等療育支援事業も巻き込んだ重層的な障害児相談支援体制が必要である。

　現在、障害児相談支援は、かつての障害児（者）地域療育等支援事業のコーディネーターであったベテラン職員や、心理職や保健師などの子育て支援に精通した専門職に担われていることも多い。保護者にとって相談支援専門員が変わることはあまり望ましくないことから、ベテランや専門職が相談支援専門員を担う意味は大きいが、報酬単価はこうした有能な人材を雇用するに十分ではない現状がある。そのため、障害者就業・生活支援センターにみられるような主任ワーカー制度や、専門職配置加算のような加算制度を検討することも、息の長い支援を継続的に行ううえでは検討するべきであろう。

　今後、障害児相談支援に携わる相談支援専門員の役割をどのように位置づけるのかは、基本相談の担い手の議論を含めて再検討が必要であり、制度として明確に示されるべきである。これは、各地域で議論すべき課題ではなく、国全体の課題である。

4．子ども・子育て支援制度との支援の連続性

　平成24年8月に成立した「子ども・子育て関連3法」に基づき、市町村では平成27年度から「子ども・子育て支援制度」がスタートし、市町村では「子ども・子育て会議」の設置が進められている。

　こうした動きは急速な少子化の進行や地域環境の変化に対し、子ども・子育て支援に必要な給付や養育者への支援を行い、一人一人の子どもが健やかに成長することができる社会の実現を目的としているが、はたして市町村では障害をもつ子どもたちがその対象として議論されているだろうか。

　「市町村子ども・子育て支援事業計画」の作成にあたっては、特別な支援が必要な子どもの受け入れ体制についても検討し、具体的なサービス利用段階にあっては必要に応じて障害児相談支援との連携を推進することとされている。

　「障害児支援の見直しに関する検討会報告書」においては、「子どもは次世代を担う社会の宝であり、国連の『児童権利宣言』や『児童の権利に関する条約』にもあるように、

子どもは心身ともに健全に育つ権利を保障されるべきもの」とされ、障害のある子どもやその家族については、「他の子どもと異なる特別な存在ではなく、他の子どもと同じ子どもであるという視点を欠いてはならない」とされている。それゆえ、障害のあることが大きな不安や負担とならないよう必要な配慮を行い、子どもの育ちと子育てを支えていくことが必要である。

また「障害児支援の在り方に関する検討会報告書」では、「障害児の地域社会への参加・包容を子育て支援において推進するための後方支援としての専門的役割の発揮」「障害児相談支援は、地域における『縦横連携』の要として、今後さらなる体制整備を図っていくべきもの」「各種の相談に対して可能な限りワンストップでの対応を進めることをめざして、子ども・子育て支援新制度の『利用者支援事業』とも緊密に連携できるような体制を検討すべき」（43頁図19参照）と明記された。

今後の共生社会の実現を考えたとき、必要に応じて連携するだけではなく、幼少期から障害児が他の子どもと同じステージで地域生活が送れるよう確実に連携し、同じ子どもとして支援の切れ目が発生しないようにすることが重要である。

5．地域連携をさらに進めるために

障害児相談にとって大切な視点の一つに、縦（ライフステージ）と横（地域ネットワーク）をつなぐ支援が重要視されている。相談支援専門員が市町村や身近な地域の中で、フォーマル、インフォーマルな資源を合わせてさまざまな機関や人々との関わりを深め、支援を必要とする子どもたちや家族にとって、切れ目のない相談支援体制を構築していくことが必要である。市町村が策定する障害福祉計画においても障害児支援の充実に向けた数値目標が盛り込まれており、障害児支援に向けた連携体制の強化と支援システムの再構築が進められている地域が増えている。

とりわけ、平成27年度から3か年にわたる第4期障害福祉計画の策定にあたっては、厚生労働省が作成をした計画策定に係る基本指針において、都道府県・市町村が取り組むべき障害児支援に関わる対応について言及しており、障害児支援の充実に向けた計画的な基盤整備のための具体的数値目標の設定に加え、前述の子育て支援に係る関連施策との連携や教育との連携について「特に配慮を必要とする事項」として取りあげられている。

こうした背景にあって、教育機関（とくに通常学級）との連携については、今後より一層重要になると考えられる。子どもの権利条約においては子どもたちの「学ぶ権利」がうたわれているうえ、障害者権利条約が批准されたことにより、インクルーシブ教育が一層推進されることとなる。福祉と教育がともに子どもの育ちを保障する立場から、学校教育と放課後支援、あるいは進学・就職を含めた成人期への確実な移行を進めるために、学校に配置された特別支援教育コーディネーターや担当教諭との意思疎通を強めていくことが

必要となる。

　ライフステージをつなぐ支援の視点では、児童期から成人期の支援には切れ目が生じやすい。また、就園や就学期、あるいは中学・高校への進学や学年の変わり目など、子どもと関わる関係者が変わる時期にも切れ目が生じてしまうことがある。子どもや家族との関係が長く続く立場にある相談支援専門員だからこそ、多くの関係者をつなぐ役割が期待されている。また、成人期以上に多くの関係者が短期間で変化していく児童期の特徴があるからこそ、サポートブック（サポートファイル）などの連携ツールの開発も重要な課題であるといえる。

6．相談支援のデザイン

　現行の制度では、相談支援にかかる指定事業だけでも、①指定障害児相談支援事業、②指定特定相談支援事業、③指定一般相談支援事業の3種類が存在する。加えて、従来からの地域生活支援事業に基づく市町村による委託相談支援や基幹相談支援センターがあるほか、都道府県等による障害児等療育支援事業や障害者就業・生活支援センター、発達障害者支援センターなども存在する。

　サービス利用者のみならず、サービス提供事業所や関係者であってもその内容の理解が進まず混乱しがちであることから、各相談支援の役割分担（とくに委託相談が担うべき業務内容の定義）が必要であるとともに、他の関連事業と相談支援との役割分担を関係者間で周知をしておくことが重要である。

　さらに、相談支援体制には地域格差が大きい。そこには、各市町村において既存の社会資源が成立してきた過程や地域の実情（自治体規模、サービス提供事業所の実情、さまざまな社会資源の状況など）が個々に異なるという背景がある。今後、全国で画一的な相談支援体制を構築するより、むしろ市町村や障害保健福祉圏域を単位として地域の実情に応じた効果的な相談支援体制をデザインすることが現実的である。

　そのためには、他市町村のモデルをそのまま転用するのではなく、市町村の（自立支援）協議会などを通じ、行政担当者や相談支援専門員、子育て支援に携わる関係者などが共に地域の実情と課題について検討し、地域にふさわしい相談支援体制のモデルやガイドラインを考えていくことが重要となる。

　今後相談支援に携わる人員が増え、対象者も増加する状況にあって、相談支援の質の担保が重要な課題となってくる。そのため、市町村の基幹相談支援センターの業務として、より具体的に児童期の支援に必要な質の高い専門職の育成あるいは体制整備を検討していくことが重要である。

　平成24年度の施行以後平成27年度までは、すべての障害福祉サービス利用者にサービス等利用計画および障害児支援利用計画を作成するために、全国の市町村で相談支援専門

員が奮闘した時期であった。この創成期の慌ただしさの後だからこそ、障害児相談支援の現場では広く子育て支援の視点をもった相談支援専門員を養成し、市町村における子育て支援体制の中の障害児支援の充実を図っていく好機になる。

　障害児に関わる相談支援専門員は、障害児支援サービスの「調整役」に甘んじることなく、子育て支援全般に関わる専門職としての自覚をもち、多様な困難やニーズを抱えている子どもたちや家族の「育ちを保障する視点」をもつことが求められる。そのうえで、子ども・子育て支援制度の中核的事業である利用者支援事業との連携を強め、実効的なつながりを日常的につくりあげていく努力が必要である。

　インクルージョンをめざす障害者権利条約の時代、これほど多くの子どもたちや家族の不安・悩みに応じてきた相談支援専門員だからこそ、市町村という身近な地域に根差した新たな時代の相談支援の創造に向けて確かな足跡を刻むことを期待したい。

事務連絡
平成 24 年 4 月 18 日

各都道府県障害児福祉主管課
各指定都市障害児福祉主管課
各中核市障害児福祉主管課　　　御中

各都道府県教育委員会担当課
各指定都市教育委員会担当課
各都道府県私立学校主管課
附属学校を置く各国立大学法人担当課
小中高等学校を設置する学校設置会社を所轄する構造改革特別区域法第 12 条第 1 項の認定を受けた
地方公共団体の学校設置会社主管課　　　御中

厚生労働省社会・援護局障害保健福祉部障害福祉課
文部科学省初等中等教育局特別支援教育課

児童福祉法等の改正による教育と福祉の連携の一層の推進について

　平成 22 年 12 月 10 日に公布された「障がい者制度改革推進本部等における検討を踏まえて障害保健福祉施策を見直すまでの間において障害者等の地域生活を支援するための関係法律の整備に関する法律」（平成 22 年法律第 71 号）により、児童福祉法及び障害者自立支援法の一部が改正（以下「改正法」という。）され、本年 4 月から相談支援の充実及び障害児支援の強化が図られたところです。
　相談支援の充実及び障害児支援の強化の具体的な内容及び教育と福祉の連携に係る留意事項等については下記のとおりですが、これらの改正された内容が機能し、障害児支援が適切に行われるためには、学校と障害児通所支援を提供する事業所や障害児入所施設、居宅サービスを提供する事業所（以下「障害児通所支援事業所等」という。）が緊密な連携を図るとともに、学校等で作成する個別の教育支援計画及び個別の指導計画（以下「個別の教育支援計画等」という。）と障害児相談支援事業所で作成する障害児支援利用計画及び障害児通所支援事業所等で作成する個別支援計画（以下「障害児支援利用計画等」という。）が、個人情報に留意しつつ連携していくことが望ましいと考えます。
　つきましては、都道府県障害児福祉主管課においては管内市町村に対し、都道府県教育委員会及び指定都市教育委員会においては所管の学校に対し、また、都道府県教育委員会においては域内の市町村教育委員会に対し、都道府県私立学校主管課、附属学校を置く国立大学法人担当課及び構造改革特別区域法第 12 条第 1 項の認定を受けた地方公共団体の学校設置会社主管課においては所轄の学校に対し周知をお願いします。また、各都道府県及び市町村の福祉部局においては、教育部局に対し新制度について説明・情報提供するなど、福祉行政と教育行政の相互連携に配意いただけるようお願いします。

記

1　相談支援の充実について
　改正法により、本年 4 月から児童福祉法に基づく障害児通所支援又は障害者自立支援法に基づく居宅サービス等の障害福祉サービスを利用するすべての障害児に対し、原則として、「障害児支援利用計画

等」を作成することになりました。障害児支援利用計画等の作成に当たっては、様々な生活場面に沿って一貫した支援を提供すること、障害児とその家族の地域生活を支える観点から、福祉サービスだけでなく、教育や医療等の関連分野に跨る個々のニーズを反映させることが重要です。特に学齢期においては、障害児支援利用計画等と個別の教育支援計画等の内容との連動が必要であり、障害児支援利用計画等の作成を担当する相談支援事業所と個別の教育支援計画等の作成を担当する学校等が密接に連絡調整を行い、就学前の福祉サービス利用から就学への移行、学齢期に利用する福祉サービスとの連携、さらには学校卒業に当たって地域生活に向けた福祉サービス利用への移行が円滑に進むよう、保護者の了解を得つつ、特段の配慮をお願いします。

2 障害児支援の強化について

(1) 児童福祉法における障害児に関する定義規定の見直し

本年4月から児童福祉法第4条第2項に規定する障害児の定義規定が見直され、従前の「身体に障害のある児童及び知的障害のある児童」に加え、「精神に障害のある児童（発達障害者支援法第2第2項に規定する発達障害児を含む。）」を追加することとなり、発達障害児についても障害児支援の対象として児童福祉法に位置づけられました。

(2) 障害児施設の一元化

障害児施設の施設体系は、従前は知的障害児施設、知的障害児通園施設、盲ろうあ児施設、肢体不自由児施設、重症心身障害児施設等の障害種別で分かれていましたが、本年4月から、身近な地域で支援を受けられるようにする等のため、障害児施設体系については、通所による支援を「障害児通所支援」に、入所による支援を「障害児入所支援」にそれぞれ一元化することとなりました。

(3) 放課後等デイサービスの創設

改正法により、学齢期における障害児の放課後等対策の強化を図るため、障害児通所支援の一つとして、本年4月から「放課後等デイサービス」が創設されました。放課後等デイサービスの対象は、児童福祉法上、「学校教育法第1条に規定する学校（幼稚園及び大学を除く。）に就学している障害児」とされ、授業の終了後又は休業日に生活能力の向上のための必要な訓練、社会との交流の促進等を行うこととなりました。

放課後等デイサービスの利用は、学校教育との時間的な連続性があることから、特別支援学校等における教育課程と放課後等デイサービス事業所における支援内容との一貫性を確保するとともにそれぞれの役割分担が重要です。個々の障害児のニーズを踏まえた放課後等の過ごし方について、特別支援学校等と放課後等デイサービス事業所、保護者等との間で十分に協議するなど必要な連携を図るようお願いします。

また、従前の障害者自立支援法に基づく児童デイサービスにおいては、特別支援学校等と児童デイサービス事業所間の送迎は加算（※1）の対象でありませんでした。放課後等デイサービスの創設に伴い、本年4月から、特別支援学校等と放課後等デイサービス事業所間の送迎を新たに加算の対象とすることとなりましたので、学校と事業所間の送迎が円滑に行われるようご配慮願います。

＜加算対象の要件＞
保護者等が就労等により送迎ができない場合であって、以下のいずれかに該当し、それが障害児支援利用計画に記載されている場合（※2）に加算の対象となります。
①スクールバスのルート上に事業所がない等、スクールバス等での送迎が実施できない場合
②スクールバス等での送迎が可能であっても、放課後等デイサービスを利用しない他の障害児の乗車

時間が相当時間延長する等、スクールバスによる送迎が適切でない場合
③学校と放課後等デイサービス事業所間の送迎が通学から外れるなど特別支援教育就学奨励費の対象とならない場合
④その他市町村が必要と認める場合（※3）

（※1）送迎加算は、児童デイサービス事業所が障害児を送迎車等により事業所へ送迎した場合に、事業所が市町村に対して児童デイサービス費の中で加算として請求できることになっています。これまでは、自宅と事業所間の送迎のみ加算の対象としていました。
（※2）障害児支援利用計画が作成されていない場合は、学校と事業所、保護者の三者の間で調整し、放課後等デイサービス支援計画に記載していることで足りるものとします。
（※3）④は、例えば、学校長と市町村が協議し、学校と事業者との間の途中までスクールバスによる送迎を行ったが、事業所までまだ相当の距離があり、事業所による送迎が必要であると認められる場合等が考えられます。

（4）保育所等訪問支援の創設

改正法により、保育所等における集団生活への適応支援を図るため、障害児通所支援の一つとして、本年4月から「保育所等訪問支援」が創設されました。このサービスは、訪問支援員（障害児の支援に相当の知識・技術及び経験のある児童指導員・保育士、機能訓練担当職員等）が保育所等を定期的に訪問し、集団生活への適応のための専門的な支援を行うものです。訪問先として、保育所や幼稚園などの就学前の子どもが通う施設の他、就学後であっても就学前の支援方法を引き継ぐなど円滑な移行を図る必要がある等の場合には小学校等への訪問も想定しています。支援内容は、授業の補助や介助業務ではなく、①障害児本人に対する支援（集団適応のための必要な訓練等）、②訪問先施設の職員に対する支援（支援方法等に関する情報共有や指導等）の専門的な支援を行うこととなります。

このサービスが効果的に行われるためには、保育所等訪問支援の訪問先施設の理解と協力が不可欠であり、該当する障害児の状況の把握や支援方法等について、訪問先施設と保育所等訪問支援事業所、保護者との間で情報共有するとともに、十分調整した上で、必要な対応がなされるよう配慮をお願いします。

（5）個別支援計画の作成

障害児通所支援事業所等における計画的な支援と質の向上を図るため、障害児通所支援事業所等に児童発達支援管理責任者を配置することが義務付けられました。これにより障害児通所支援事業所等を利用するすべての障害児に対し、利用者及びその家族のニーズ等を反映させた障害児入所支援及び障害児通所支援に係る個別支援計画を作成し、効果的かつ適切に障害児支援を行うとともに、支援に関する客観的評価を行うこととなります。

学齢期の障害児が障害児通所支援事業所等を並行して利用する場合も想定されることから、障害児通所支援事業所等の児童発達支援管理責任者と教員等が連携し、障害児通所支援等における個別支援計画と学校における個別の教育支援計画等との連携を保護者の了解を得つつ確保し、相乗的な効果が得られるよう、必要な配慮をお願いします。

本法律の概要や施行のための関係情報については、以下のURLに掲載されております。
http://www.mhlw.go.jp/seisakunitsuite/bunya/hukushi_kaigo/shougaishahukushi/jiritsukaiseihou/index.html

【 参考文献・引用文献 】

- 厚生労働省「障害児支援の見直しに関する検討会報告書」 平成20年7月22日
- 厚生労働省「障害児支援の在り方に関する検討委員会報告書」平成26年7月16日
- 「延岡市ライフステージ地域支援事業報告書」平成23年3月
- 障害者相談支援事業全国連絡協議会 平成19年度厚生労働省障害者保健福祉推進事業「障害児等療育支援事業と関連させた障害児に対する相談支援事業の展開方法についての調査・研究」
- 文部科学省・厚生労働省「障害のある子どものための地域における相談支援体制整備のためのガイドライン（試案）」平成20年3月
- 厚生労働省「障害者ケアガイドライン」中央法規出版,平成14年3月31日
- 障害者相談支援従事者初任者研修テキスト編集委員会編集「三訂 障害者相談支援従事者テキスト」中央法規出版,平成25年12月1日
- 「月刊福祉」2015年2月号
- 特定非営利活動法人　日本相談支援専門員協会　http:// http://nsk09.org/
- 特定非営利活動法人　埼玉県相談支援専門員協会　http://www.muse.dti.ne.jp/ssa/
- 特定非営利活動法人　日本相談支援専門員協会,平成22年度厚生労働省障害者総合福祉推進事業「相談支援ガイドライン作成とその効果的な普及・活用方策のあり方検討事業」
- 特定非営利活動法人　日本相談支援専門員協会　平成23年度厚生労働省障害者総合福祉推進事業　「サービス利用計画の実態と今後あり方に関する研究利用計画の実態と今後あり方に関する研究利用計画の実態に関する研究」報告書
- 特定非営利活動法人　日本相談支援専門員協会　平成24年度厚生労働省障害者総合福祉推進事業　「サービス等利用計画の評価指標に関する調査研究」報告書
- 特定非営利活動法人　埼玉県相談支援専門員協会,平成23年度障害者総合福祉推進事業「相談支援事業の業務評価指標策定とソフトウェア開発事業　調査研究報告書」
- 特定非営利活動法人　埼玉県相談支援専門員協会,平成20年度障害者保健福祉推進事業「相談支援事業評価指標開発による自立支援協議会活性化　調査研究報告書」
- 特定非営利活動法人　埼玉県相談支援専門員協会「埼玉県障害者相談支援人材育成ビジョン」平成24年
- 特定非営利活動法人　かながわ障がいケアマネジメント従事者ネットワーク,平成22年度障害者総合福祉推進事業「障害者相談支援専門員現任研修の効果的な実施方法と研修マニュアル作成に関する調査研究」
- 特定非営利活動法人　日本相談支援専門員協会,平成23年度厚生労働省障害者総合福祉推進事業「サービス等利用計画の実態と今後のあり方に関する研究事業「サービス等利用計画作成サポートブック」

あとがき

　障害児相談支援事業に特化したはじめての実践書であり理論書である『障害児相談支援ハンドブック』をお送りします。

　本ハンドブックは、全国児童発達支援協議会が障害児・者相談支援事業全国連絡協議会と協力して実施した「厚生労働省平成25年度障害者総合福祉推進事業『障害児通所支援の今後の在り方に関する調査研究』」の報告書中の「障害児相談支援」の部分をより実践的に編集したものです。

　平成19年度、障害者相談支援事業全国連絡協議会（当時）は「厚生労働省障害者保健福祉推進事業『障害児等療育支援事業と関連させた障害児に対する相談支援事業の展開方法についての調査・研究』」を実施し、「障害児相談支援事業」の必要性を提起しました。そして、その研究成果をふまえた平成25年度の研究では、平成24年度に現実となった障害児相談支援事業についての理論的整理だけでなく、実践現場での課題や問題点に対する解決策をより具体的に示せたと自負しています。

　本書が、これからの障害児福祉の基盤となる障害児相談支援事業の発展に寄与し、発達や育ちへの支援を必要としているすべての子どもの未来を拓く一助になることを祈念して編集のあとがきとします。

　なお、研究の実施に際して別記した編著者、著者、執筆協力者以外にも多くの方々の協力や助言をいただきました。淑徳大学の柏女霊峰教授には子ども子育て支援の立場から、筑波大学の小澤 温教授には障害者ケアマネジメントの立場から、そして関西福祉大学の谷口泰司准教授には制度論の立場から多くの示唆をいただき、研究結果に理念や科学性を付与していただきました。また、広島県柏学園の米川 晃理事長（障害児・者相談支援事業全国連絡協議会副会長）、小林和美さん、古久保仁史さんには、事務局として研究員の連絡調整から会議場所の設定、旅費等の予算管理、報告書の作成に至るまで大変なご苦労をおかけしました。

　最後になりましたが心からお礼を申しあげます。

編著者代表
全国児童発達支援協議会／障害児・者相談支援事業全国連絡協議会
宮田広善

● 監修・著者一覧

【監　修】

全国児童発達支援協議会（CDS Japan）
　　　　事務局：〒838-0141　福岡県小郡市小郡74番8-103
　　　　　　　　一般社団法人　わ・Wa・わ　内　　E-Mail　office@cdsjapan.jp

障害児・者相談支援事業全国連絡協議会
　　　　事務局：〒735-0015　広島県安芸郡府中町青崎東7-12
　　　　　　　　社会福祉法人　柏学園　内　　E-Mail　kashiwa@ms7.megaegg.ne.jp

【編著者】

宮田広善（姫路聖マリア病院小児科／前姫路市総合福祉通園センター）

遅塚昭彦（日本社会福祉士会企画室／元厚生労働省相談支援専門官）

【著者】

松下直弘（愛知県・岩崎学園）

田畑寿明（宮崎県障害児・者相談さぽーとセンターはまゆう）

【執筆協力者】

入部祥子	セルフサポートこぐま	（福岡県）
金丸博一	かしわ相談支援事業所	（広島県）
佐藤くみ子	地域生活支援センターしおん	（岩手県）
濱亜紀子	姫路市総合福祉通園センター	（兵庫県）
藤川雄一	川口市障害者相談支援センター	（埼玉県）
横田信也	北九州市立総合療育センター	（福岡県）

写真提供：姫路市総合福祉通園センター

障害児相談支援ハンドブック

発行日	2016年6月16日　初版第1刷（3,000部）
監　修	全国児童発達支援協議会、障害児・者相談支援事業全国連絡協議会
編著者	宮田　広善、遅塚　昭彦
著　者	松下　直弘、田畑　寿明　他
発　行	エンパワメント研究所

〒176-0011　東京都練馬区豊玉上2-24-1　スペース96内
TEL 03-3991-9600　FAX 03-3991-9634
https://www.space96.com
e-mail：qwk01077@nifty.com

編集・制作　七七舎　　装幀　石原　雅彦
印刷　シナノ印刷（株）

ISBN978-4-907576-41-7

エンパワメント研究所の本

ご購入は ▶ https://www.space96.com

**こうすればできる！
発達障害の子がいる
保育園での集団づくり・
クラスづくり**

著：福岡寿
価格：1,000円＋税

**すぐに役立つ！
発達障害の子がいる
保育園での集団づくり・
クラスづくり Q&A**

著：福岡寿
価格：1,000円＋税

**楽しく学べる 怒りと不安のマネジメント
カンジョウレンジャー
& カイケツロボ**

著：齊藤佐和、小郷将太、門脇絵美
編著：武藏博文
価格：2,000円＋税

**たたかいは
いのち果てる日まで**

著：向井承子
復刻版・解説：宮田広善
価格：1,600円＋税

**視覚シンボルで
楽々コミュニケーション**
障害者の暮らしに役立つシンボル1000
CD-ROM 付き

編：ドロップレット・プロジェクト
価格：1,500円＋税

**本当はあまり知られて
いないダウン症のはなし**
ダウン症は「わかって」いない

著：玉井邦夫
価格：1,000円＋税

エンパワメント研究所の本

ご購入は ▶ https://www.space96.com

発達障害児者の問題行動
その理解と対応マニュアル

著：志賀利一
価格：1,100円＋税

増補版 自閉症の子どもたちの生活を支える
すぐに役立つ絵カード作成用データ集　CD-ROM付き

監修：今本　繁
編著：藤田理恵子・和田恵子
価格：1,500円＋税

見える形でわかりやすく
TEACCHにおける視覚的構造化と自立課題

編：ノースカロライナ大学医学部精神科TEACCH部
訳：今本　繁
価格：800円＋税

発達障害のある子とお母さん・先生のための
わくわく支援ツール

著：とやま支援ツール教室実行委員会
編：武藏博文・大村知佐子・浅川義丈・大村和彦・長浜由香
価格：1,800円＋税

自閉症スペクトラム クラスメートに話すとき
クラスメートに話すとき授業での展開例から、障害表明、そしてアドボカシーまで

著：キャサリン・フェハティ、キャロル・グレイ、服巻智子
編訳：服巻智子
価格：1,500円＋税

自閉症スペクトラムなど発達障害がある人との
コミュニケーションのための10のコツ

著：坂井聡
価格：1,500円＋税

エンパワメント研究所の本

ご購入は ▶ https://www.space96.com

目次
はじめに
おことわり

第Ⅰ部　児童発達支援
A．事業の概要
B．事業の目的と重要性
C．事業の進め方
D．まとめ

第Ⅱ部　保育所等訪問支援事業
A．事業の概要
B．事業の目的と重要性
C．事業の進め方
D．まとめ

第Ⅲ部　放課後等デイサービス
A．事業の概要
B．事業の目的と重要性
C．事業の進め方
D．まとめ

障害児通所支援ハンドブック

児童発達支援　保育所等訪問支援　放課後等デイサービス

著者：山根希代子、橋本伸子、岸良至　ほか
編　：宮田広善、光真坊浩史
監修：全国児童発達支援協議会
価格：1,800円＋税

　児童福祉法は平成24年度に大きく改正され、とくに障害児通所支援は大きく改編された。
　その結果、障害種別だけでなく障害が確定されていなくても利用が制限されない「児童発達支援」、初めての個別給付による訪問型支援であり障害のある子どもの育ちを地域の中で支援できる「保育所等訪問支援」、学齢障害児の放課後活動を支援し乳幼児期から成人期への一貫した発達支援の提供を可能にした「放課後等デイサービス」などが登場した。
　これらの事業は、障害児支援にケアマネジメント手法を導入する「障害児相談支援事業」の創設と相まって、新たな時代の障害児支援の幕開けとして期待されている。
　本ハンドブックは「児童発達支援」「保育所等訪問支援」「放課後等デイ」3事業の理解と円滑な実施を目指す初めての実践書であり初めての理論書であるとともに、現場の皆さまの疑問や悩みに答えて発達支援の発展につなげられる唯一のテキストである。